汲古選書 62

佯狂——古代中国人の処世術

矢嶋美都子 著

目次

佯狂——古代中国人の処世術

はじめに

中国の長い歴史には、王朝が変わる大事件から内部での政権交代など政変に伴う様々な「乱世」があり、人々は混迷する「乱世」を生き抜くために、いろいろと処世の方法を工夫した。古来よく知られているのは、隠者や逸民となって「世を避け」「身を全うする」方法で、人里離れた山中や海岸などに隠棲した。この一方に、あまり注目されてこなかったのだが、やはり世を避けるポーズとして、古代から中国には「被髪佯狂《ひはつようきょう》」（ざんばら髪で気が狂ったふりをする）があり、社会的に認知された存在として「佯狂」や「狂生」「狂士」と称される人々がいたのである。彼らは「狂」者の振りをして自分の志や正義を貫き、暗君乱世にその存在を小気味よくアピールし生き抜いた。元祖は孔子のそばを通りながら、今の世は徳が衰えているから政治に参与するのは危ないぞ、と歌った楚狂接輿《そきょうせつよ》（『論語』微子篇）。「佯狂」の様相や「佯狂」への見方、存在意義は時代とともに変化し、六朝時代に大いなる変容をとげて、東晋末の風変わりな隠逸詩人と称された陶淵明を経て、唐代へと継承されてゆく。六朝時代は、貴族文学が花開いた華やかな時代であり、思想的には儒教のしばりが緩み始めて老荘思想がひろがり、また仏教が台頭してくる時期でもあるが、歴史的には王朝の支配者が次々と変わるまさに「乱世」であった。ただ人々に通底する「狂」（佯狂）に対する観念には連綿として変わらない面があり、たとえば六朝時代の次のエピソードに、その一端が窺える。

諸葛厷は西晋王朝（二六五〜三一六）で若いころから清誉があり、王衍（西晋末の宰相）に重んじられていた。後に、継母の一族に誣告され狂逆の罪で遠方に流されることになった。諸葛厷は護送車を見送りに来た王衍らに流刑のわけを問い、「狂逆の罪にされた」と聞くと、「逆（反逆罪）ならば殺すべきだ、しかし狂ならば何で流刑にされるのだ」といった。

（『世説新語』黜免篇）

これは「狂」者は罪せられない、という観念を示している。もう一例は東晋時代の逸話。

孔愉と孔群が都大路で、お供を大勢引き連れた匡術に出会った。匡術は近づいて孔愉らに話しかけたが、孔群は横を向き「鷹が鳩に化けても、衆鳥はその目を憎む」といった。匡術は大いに怒り孔群に斬りかかった。孔愉は匡術を抱きかかえ「私の従兄弟は発狂したのだ、私に免じて許してくれ」といい、それで孔群は首を斬り落とされずにすんだ。

（『世説新語』方正篇）

これは、「狂」者は殺されない、という観念を示している。なお匡術は蘇峻の乱（三二七年）の首謀者、孔群は乱の時に匡術に脅迫された恨みを消していなかった。

引用した二例から、「狂」者は殺されない、罪せられない、という「狂」に対する観念の一端が見て取れる。二例が収載されている『世説新語』は、後漢から東晋（二世紀後半〜四世紀末）の貴族の逸話集。当時の貴族のゴシップやスキャンダル記事があり、読み流しても十分に面白いが、撰者の劉義慶が南朝宋の宗室の一人で、注釈者の劉孝標も南朝梁の人なので、正史からだけでは窺い知れない当時の社会通念、六朝貴族たちの価値観や観念、人間関係などをかなり直接に伝える資料的価値も見いだせる一冊である。

本書は、楚狂接輿を起点に、「被髪佯狂」の起源とその事由、時代の推移に伴う「佯狂」の変容と人々の「狂」に対する観念の変化の跡を辿り、「狂」（佯狂）という生き方がなぜ暗君乱世を生き抜く処世術と成り得たのか、中国の古代から中世社会における「狂」（佯狂）の存在意義、社会的機能を検証した。また楚狂接輿のイメージの変遷史という側面もある。唐代の白楽天までを限りとして見ても、古来数多の隠者や「佯狂」の中から、楚狂接輿とその歌が出処進退の指針として詩や文章に多く引用され続けているからである。六朝時代に「高潔な士」のイメージが付加され、陶淵明が隠逸生活に入る際に楚狂接輿の歌を指針としたことにより、楚狂接輿の処世やその歌がもつ政権批判の象徴性が明確になった。唐代には、さらに新しいイメージが発見・開発され、様々な感慨や立場、状況を仮託し表現するのに恰好の詩の素材となり、得意の人はもとより隠者や左遷された人、失脚した人、閑職、無位無官の失意の人にまで詠われた。楚狂接輿の「佯狂」ぶりとその歌は、古来、王朝の支配体制、官僚機構の枠、党争など各時代の複雑な人間社会を生き抜く際の、痛快な心の支え、心の片づけ方の指針として機能していたのである。

なお「狂」者は現代では犯罪者の精神鑑定で刑罰が酌量される事例を見るが、本書では処世術としての「狂」（佯狂）を扱うので、「狂」の精神医学的な見解には触れない。また古代中国の「狂」の原義を神（巫祝者）の憑依の表徴とする見解は、『白川静著作集』三（平凡社　二〇〇〇年）にすでに述べられているので、本書では立ち入らない。

第一章　中国古代の「狂」

そもそも中国で「狂」（佯狂）の元祖は誰かといえば、かの有名な孔子をからかった楚狂（楚の狂人）接輿である。

楚狂接輿が歌いながら孔子のそばを通り過ぎた。「鳳よ鳳よ、何と徳の衰えたことか、過ぎた事はしようが無いが、未来の事はまだ間に合う、止めろ、止めろ、今、政治に関わるのは危険だぞ」。孔子は話を聞こうと車からおりたが、接輿は小走りに去ってしまった。（『論語』微子）

鳳は鳳凰。太平の世に現れ、暗君乱世には隠れるとされる伝説上の瑞鳥。接輿は「楚の人、姓は陸、名は通、字《あざな》は接輿……昭王の時、政令が混乱していたので被髪佯狂して仕えず、当時の人は楚狂といった」（『論語』注）。

孔子が接輿の話を聞こうとしたのは「狂」を認めているからで、次のような発言をしている。

古の狂者は心が遠大でのびのびしている。

狂者でまっすぐな気持ちでない者……を私は知らない。

（『論語』陽貨）

中庸を得た人と交際できないならば、狂狷と交際したい、狂者は（大志を秘めて進取の気性に富み積極的に）進んで求めるし、狷者は（節義を守り慎重に対処して）敢えて行わないところを持っている。

（『論語』泰伯）

（『論語』子路）


中庸は、行き過ぎや過不足のないこと。儒家の政治や倫理における重要な徳目とされる。孔子は「狂者」や「狷者」に対して、中庸を得ず世の中のルール、規範を極端に踏み外す者、偏った者というかっこ付きの者としつつも、かれら「狂狷と」交際したいと「狂者」や「狷者」に一定の評価を与えているのである。

さらに孔子は「佯狂」の原型とされる箕子《きし》を、「殷の三仁」と称賛している。


（殷の紂《ちゅうおう》王は異常な乱暴者で、諫めた臣下も残虐非道な仕打ちを受けたので）腹違いの兄の微子《びし》は逃げ去り、叔父の箕子は（佯狂して）奴隷となり、諸父の比干《ひかん》は心臓をえぐられて死んだ。孔子は殷には三人の仁《じん》の人がいた、といった。

（『論語』微子）


仁《じん》は、他者への思いやりの意味で、儒教の最高の徳目とされる。箕子は自分の国である殷が周の武王に滅ぼされた後、武王に召しだされて洪範（天地の大法）を陳述したが、周に参朝する際に殷の古都を通り過ぎ、廃墟になったところに禾黍（イネときび）がのびているのを見て「麦秀歌」を作り無念の思いを詠った、とも伝えられる（『史記』微子世家）。『論語』に「佯狂」という語の用例は無いが、接輿や忠直な箕子は「義」、「忠」といった自分の信念を貫く為に「狂」の姿を借りた人、と認識されていたのである。かれらの処世について『楚辞』天問は、次のようにいう。

何聖人之一徳　何ぞ聖人は徳を一にして
卒其異方　卒《つい》に其れ方を異にする
梅伯受醢　梅伯《ばいはく》は醢《かい》を受け
箕子佯狂　箕子は佯狂す

なぜに聖人の徳は同じなのに、それぞれその表し方を異にするのであろうか、梅伯は醢《かい》（死体の肉を塩辛にする）をうけ、箕子は佯狂した。

梅伯は紂王の時の諸侯。忠直でしばしば紂王に諫言したので紂王の怒りをかって殺された。暗君の下では、諫言しても梅伯のような酷い目に遭うか、箕子のように「佯狂」して生き延びせざるを得ないのだ、という思いが感じられる。同様の感慨は『楚辞』九章　渉江にも詠われている。

接 輿 髡 首 兮
桑 扈 臝 行
忠 不 必 用 兮
賢 不 必 以
伍 子 逢 殃 兮
比 干 菹 醢
与 前 世 而 皆 然 兮……

接輿は髡首《こんしゅ》し
桑扈《そうこ》は臝行《らこう》す
忠は必ずしも用いられず
賢は必ずしも以《もち》いられず
伍子《ごし》は殃《わざわ》いに逢い
比干は菹醢《しょかい》せらる
前世を与《こぞ》りて皆然り……

接輿は頭髪を剃って刑余の者の姿で世を避け、桑扈（古の隠者）は未開人の真似をして裸で行動して生き延びたという。忠なる者も賢なる者も必ずしもその真価が認められ用いられるとは限らない、忠臣伍子胥《ごししょ》は禍いに遭い、賢人といわれた比干はその遺体の肉を細切れにされ塩辛にされた、昔も今も皆そうなのだ……。

伍子は伍子胥、春秋時代、楚の人。呉に仕え、呉王夫差の忠臣でよく諫言したが、越王勾践から美女西施や賄賂を贈られた夫差は、伍子胥に自殺を命じた。やがて呉は越に滅ぼされた。比干は、殷の紂王の叔父。紂王の暴虐を諫めて怒りをかい、胸を切り裂かれて殺された。『楚辞』惜誓では、比干の死を犬死とみている。

比干忠諫而剖心兮　　比干は忠諫して心《しん》を剖《さ》かれ
箕子被髪而佯狂　　箕子は被髪して佯狂す
……　　　　　　　　…中略…
非重軀以慮難兮　　軀を重んじて以て難を慮するに非ず
惜傷身之無功　　　身を傷つけるの功無きを惜しむ

比干は忠義の諫言を紂王にしたが、紂王は怒り、殺してからも「聖人の心臓には七竅（七つの穴）が有ると聞いている」といい、比干の心臓を剖いて観た。箕子は殺されるのを怖れて髪の毛をざんばらに振り乱して佯狂し世を避けた……我が身大事に禍害を被ることを心配するのではない、身を傷つけてもそれに値する功績がないことを惜しむのだ。

古代に於いて、「狂」（佯狂）は暗君乱世に明哲忠直の人が「忠」や「義」といった信念を貫くために生き延びる止むを得ない処世の姿と見られており、彼らは敬意を払うべき人達と認識されていたのである。

第二章　漢代の「狂」（「佯狂」）、容認から公認へ

漢代の「狂」（「佯狂」）について見るに先ず、項羽と劉邦が天下に覇を競っていた時代、酈食其《れいいき》という人がいた。酈食其の本伝に次の記載がある。

酈食其は、陳留、高陽の人。読書家だが家は貧しく、村里の門番をしていた。彼を雇う者は誰もおらず、皆が「狂生」といっていた。酈食其は才能を隠し、仕えるべき人を待っていた。ある時、沛公《ばいこう》（劉邦、後の漢・高祖）の部下に会ったので紹介を頼み、沛公には「臣の里に酈生という者がいて、年は六十余、身の丈八尺、人は皆「狂生」といっていますが、本人は「狂生」ではない、と申しております」、と告げて欲しいといった。やがて沛公からお召しがあり、高陽の伝舎で拝謁し、陳留を下す策を献じ、説客となった。

（『史記』酈食其伝）

酈食其は儒者嫌いな劉邦に、「狂生」（狂人先生）と売り込むことで面会の機会を得たのである。この例は、古代に形成された「狂」（「佯狂」）は敬意を払うべき明哲忠直の人というイメージが既に根付いていただ

けでなく、何か特異な能力を隠している者といったイメージまで派生していたことを示し、「狂」(「佯狂」)が自分を売り込む手段の一つになっていたことも伝えている。次に、酈食其より少し後、斉の蒯通《かいとう》の例を見る。蒯通の本伝に次の記載がある。

蒯通は斉王となった韓信に自説を開陳し、漢の高祖(劉邦)から自立するよう謀反を勧めた。韓信は漢の高祖(劉邦)に背《そむ》くのに耐えられず、あれこれ思考しぐずぐずと決断を引き延ばし、また自分は功績が多いから、漢の高祖(劉邦)が我が斉を奪うことはあるまいと思い、結局、蒯通の謀反の勧めを拒絶した。蒯通は自説が聴き入れられなかったので、おそれて「佯狂」し巫となった。

(『漢書』蒯通伝)

蒯通は謀反の勧誘に失敗したので、殺されることを恐れて「佯狂」した。つまり「其の身を全うする」ために「佯狂」という処世を選んだのである。この例は、「狂」(「佯狂」)は殺されない、という観念が周知されていたことを示している。「狂」(「佯狂」)が容認されていたことは前漢の鄒陽の手紙「獄中にて書《てがみ》を上《たてまつ》り自ら明らかにする」からも窺える。鄒陽は梁王孝の側近に媚びなかったので讒言され投獄、死刑に処されそうになったので、獄中から梁王孝に冤罪の救済を訴えるためにこの手紙を奉じた。そこに次のようにある。

昔、和氏《かし》は璞玉《あらたま》を献上したのに（偽物だと讒言され）楚王に足切りにされ、李斯は忠誠を尽くしたのに（讒言され）胡亥に極刑にされました。箕子が佯狂し、接輿が世を避けたのも、このような患《うれ》いに遭うのを恐れたからです。どうぞ大王様は和氏や李斯の心意をご明察され、楚王や胡亥が讒言を聴きいれたようにはなさらず、私めを箕子や接輿に笑われないようにして下さい。比干が心臓を剖《さ》かれ、伍子胥が鴟夷《しい》された（遺体を馬の皮の袋に入れられて、江中に投げ捨てられた）、ということを始めは信じませんでしたが、今やっと理解しました。どうぞ大王様、熟慮ご明察くださいまして、少しでも哀れみを加えてください。

（鄒陽「於獄中上書自明」『文選』巻三九）

鄒陽の手紙の中で、和氏や李斯は讒言を鵜呑みにする愚かな君主のもとで処罰を受けたり殺された人、箕子と接輿は暗君の下では誤解や讒言は免れないと佯狂して「暗君濁世を避け」「其の身を全うした」人、として引用されている。鄒陽の論法は、誤解や讒言で殺されるのは暗君のもとにいたからである、だから讒言で冤罪をこうむった鄒陽が殺されると、鄒陽は讒言を見抜けない暗君に仕えていたことになり、鄒陽は愚か者だと箕子や接輿に嘲笑されてしまう、つまり鄒陽が仕えていた梁王孝はもちろん景帝までは暗君ということになる（暗君でないなら私を救出してください）というもの。これを読んだ梁王孝はすぐさま鄒陽を救出し上客として遇した。鄒陽の理屈の前提には、忠直な箕子や接輿は、「狂」（「佯狂」）して「暗君濁世を避け」「其の身を全うした」というイメージが人々に広く浸透していたことがある。このイメージは鄒陽と同じころの東方朔の文章に明言されている。

先生はいった、接輿は世を避け、箕子は被髪佯狂した。この二人はどちらも濁世を避け、それで其の身を全うした者である、と。

（「非有先生論」『文選』巻五一）

「狂」（「佯狂」）は「暗君濁世」を避けて「その身を全う」するのだから、逆からみれば「狂」（「佯狂」）のいる世、容認されている世は「暗君濁世」ではないということになる。つまり自分が治めている世が「暗君濁世」ではない、としたい君主は「狂」（「佯狂」）を許容するのであり、これが「狂」（「佯狂」）は殺されない、罪せられないという観念の土台の一部を構築しているのである。この「佯狂」の観念を朝廷内で実践した人に東方朔がいる。東方朔の本伝に次の記載がある。

東方朔はしばしば武帝（紀元前一四一～八七在位）の話し相手をして武帝を楽しませ、また食事に招かれて残りの肉を懐に入れて持ち帰り衣服を汚したが、そのつどご褒美の縑帛やお金を下賜された。そしてそれらの財物をすべて長安の若い美女を娶り一年もたつと棄てる、ということに費やした。……武帝の側近たちは、こういった行為をする東方朔を半ば狂人あつかいしていたが、武帝は東方朔を「お前たちよりも仕事の出来る奴だ」といっていた……ある郎官が東方朔に「人は皆、先生を狂人と思っていますよ」というと、東方朔は「私は所謂る世を朝廷の中に避けているのです。昔の人は深山の中に避けたそうですが……」と答えた。

（『史記』東方朔伝）

武帝が「佯狂」東方朔を容認していたのは、「佯狂」ぶりをアピールしている東方朔を下手に処罰や処刑にすると、讒言を見抜けない暗君だと喧伝されかねないからである。東方朔の事例は「佯狂」が讒言や誤解を避け「其の身を全うする」ための一つの処世の方法になっていたことを示している。

宣帝（紀元前七四〜四九在位）のころには、父韋賢とともに父子二代丞相（天子を補佐して政治を行う最高の官）に成ったことで史上に有名な韋玄成の「佯狂」事件があったが、こちらは、国譲りの美名がついた。

玄成はその時は佯狂して跡継ぎに立たなかったが、結局は跡を継ぎ、国譲りの名声が有るようになった。

（『史記』韋賢伝）

玄成佯狂の顛末は『漢書』韋賢伝に詳しく記載されている。

韋賢は学徳一世に高く、宣帝のとき丞相に至った。……長男が早世したので、次男の弘を後継者とし、弘が罪過を得やすい職に就いていたので辞めさようとしたが、弘は辞職せず罪を得て投獄された。

韋賢は憤怒を秘めたまま跡継ぎを告げずに死んだ。臣下は韋賢の遺言と偽り、弟の玄成を跡継ぎにと上書した。父の本意を知る玄成は「佯狂」し、寝たまま大小便を垂れ流し、妄笑昏乱のふりをしたが、兄に爵位を譲るためだと疑われ、審議された。取調官は玄成に手紙を書いた「君が佯狂するのは、名声ほしさの卑しい行為です」。友人は「……玄成を衡門（冠木門、隠者の家）に安んじさせてください」と上疏したが、佯狂と弾劾上奏された。詔が下され、宣帝は弾劾させず、玄成を引見し爵位を授け、高節とした。……玄成は父韋賢の後を継いで元帝の丞相となること七年、正義公正を守り重鎮としての威厳を保持する点では、父韋賢に及ばなかったが、文采は父より優っていた。

韋玄成の「佯狂」はお家の跡取り騒動ではあるが、「佯狂」が公認されたことを示す事例ともいえよう。韋玄成は父の気持ちを尊重し、兄をたてるという「孝悌《こうてい》」の教えを実践した。「孝悌」は『論語』学而篇に「孝悌なる者は、其れ仁の本《もと》たるか」（父母によく仕え、兄や年長者によく仕えるということこそ、仁の徳の根本であろう）、とあるように儒家の教えの大切な徳目である。宣帝も「孝悌」の教えに基づきそれを実践した韋賢を高節とした。ところがその時に、実践方法の「佯狂」という行為も一緒に高節の評価の中に含まれることになり、「佯狂」が天子様のお墨付きを得たことになったのである。

王莽（紀元前四五〜紀元後二三、新の皇帝）が天下人のころの郅惲《しつうん》の事例も「佯狂」公認を裏付ける。郅惲の本伝に次の記載がある。

天文暦数に明るい郅惲に退位を勧められた王莽は激怒し、大逆だと弾劾し即刻とらえて投獄し、殺そうとした。しかし郅惲が経書と讖記（未来の事を予言して書き記した文字や図録）に基づいて進言したのを憚り、側近に「狂病のせいで恍忽としていて、何を言ったのか自分でよく分かりません」と郅惲が自分から申し出るように脅迫させた。郅惲は目を瞋《いか》らせ罵って言った「私の発言は全て天文の聖意によるのだ、狂人に作れるものではない」と。郅惲は冬になって赦免され、同郡の鄭敬と南の蒼梧に遁れた。

（『後漢書』郅惲伝）

これは為政者が「佯狂」を利用した興味深い事例である。王莽は郅惲を大逆罪で殺すこともまた放置することも出来ないので「狂人」に仕立て、両方の面子を保つ形で解決しようとした。つまり天下人の王莽も「狂」（佯狂）は殺されない、罪せられないことを承知していたのであり、先に見た六朝の諸葛玄が、「逆」ならば殺されるが「狂」ならば罪せられない、と叫んだ観念の先例を示している。

後漢の順帝（一二五〜一四四在位）のころには、雷義と陳重が役人に採用される推薦を譲り合って「佯狂」した事例がある。雷義と陳重の本伝に次の記載がある。

雷義と陳重は同郷でともに学んだ。郡の太守が陳重を孝廉（漢代の官吏登用の一つ、地方官が親孝行で清廉な者を推薦する）に推薦すると、陳重はそれを雷義に譲りたいと十数通の嘆願書を提出した。太守は聞かなかったが、翌年に雷義も推薦され、二人で出仕した。……雷義は郷里に帰り、茂才（漢代の官吏登用試験の科目）に推挙され、陳重に譲ろうとしたが刺史は許さなかった。それで雷義は「佯狂」し髪を振り乱して逃げて、任命に応じなかった。郷里では二人の絆が堅く結ばれていることを諺にした。「膠《にかわ》も漆《うるし》もくっつけたら堅固というが、雷義と陳重の絆の固さには及ぶまい」。後に二人とも侍御史（弾劾を司る官）になった。

（『後漢書』独行伝）

漢代に、孝廉や茂才に推薦されることは極めて大変な名誉であり、それを他人に譲るのは尋常なことではない。しかし二人はそれぞれ相手が立派な人物で、行政官としても能力が高いことを認めていたから、孝廉や茂才の推薦を受けた時に自分より相手の方がふさわしいと譲った。つまりそれぞれが自分の正義を貫き、雷義は自分の「義」を貫くために「佯狂」までしたのである。彼らの伝記を書いた『後漢書』の著者范曄（南朝宋の学者）は、『後漢書』に彼らを記載した「独行伝」を置いた理由をその序文で次のように述べている。

『論語』子路篇で孔子が「中庸を得た人と交際できないならば、せめて狂狷と交際したい」、……などと言うように、「狂者」「狷者」は中庸を得ず、周全の道は失っているが、しかし彼らはいっぱしの義は守り抜く人なのである、……後漢を通じて、一介の夫に過ぎない者でもいっぱしの義を貫いて名を揚げた人は多い。……その行為は一般に通じる円満さはないが、彼らの風格人品は誠にゆかしいものがある、しかし彼らの事跡や彼らのかかげる大義名分はまちまちで分類しにくい、ただその行いがどれも世間の常識、想像を絶しているということは共通しているのでここにまとめた。

（『後漢書』独行伝　序文）

後漢も末期には、人々の役に立った「狂生」袁閎の事例がある。袁閎は先祖に章帝（七五〜八八在位）の外戚竇憲らを弾劾した気骨ある官僚の袁安をもち、以後、歴代「三公」(政治の中枢を担う三人の重要な大臣)を輩出した名門の一族だが、彼のころには従兄の袁逢や袁隗が、宦官が政治を左右する朝廷で、名門の地位に安住して豪奢な暮らしを誇っていた。こうした情勢の中で、袁閎は本伝によれば次のように対処した。

袁閎は険乱な時勢に自分の家が富み盛んであることを心配していた。延熹（一五六〜一六七）の末に党錮《とうこ》の禍が起こると、ざんばら髪になり世間との交際を絶ち、迹を深林に投じようとしたが、母が老いているので遠方に隠遁せずに、戸口の無い土室を築いて引きこもり飲食を窓から運ばせ、母が来たときだけ応対し、母が死んでも位牌も作らなかった。それで人々は袁閎を「狂生」(狂人)といった。潜身十八年、黄巾《こうきん》の賊が起り、郡県を攻撃、略奪したので人々は驚きあわてて散り散りに逃げたが、袁閎は誦経して移らなかった。賊どもは互いに約語して袁閎の村里には入らず、袁閎の郷人は皆助かった。年五十七、土室で亡くなった。

（『後漢書』袁閎伝）

土室に十八年も引きこもるのは、佯狂なのか本当の狂人なのか判然としないが、賊どもが「狂生」袁閎を敬遠したお蔭で袁閎の村の人たちは助かったのだから、「狂生」の存在意義も大いにあったことになる。袁閎の事例は、黄巾の賊どものレベルにまで「狂生」は敬意を払うべき人だ、という古代に形成された「狂」（「佯狂」）のイメージが浸透していたことを示している。なお、党錮《とうこ》の禍は、後漢の末、桓帝、霊帝の時に宦官が政権をほしいままにしている事に反対する気節の士や、儒学者らが朋党《ほうとう》を結び、宦官を攻撃したものの、かえって二百名以上の者が官吏となる資格を剝奪され終身禁錮《きんこ》にされた事件。霊帝の時には、宦官殺害の計画が事前にもれ、百人以上が処刑された。黄巾の賊は、霊帝の末年に鉅鹿の張角が、王朝の衰退に乗じて起こした反乱。この乱に参加した者の多くは、土地を奪われた小規模農民や貧民で、目印に黄巾（黄色い布）を頭につけていたので黄巾の乱ともいう。

後漢の仲長統も曹操に認められるほどの人材であったが、敢えて直言したりするので当時の人に「狂生」といわれた。

仲長統は若い時から好学多読、名文家であった。……性格は俶儻（自由闊達）で敢えて直言し、小節を軽んじ、出処進退が自分勝手なので、時人は「狂生」といった。……荀彧が名声を聞いて尚書郎にし、後に曹操の軍事に参じ、古今及び時俗行事を論説しては発憤歎息し、凡そ三十四篇、十余万言の論文『昌言』を著し、政治に貢献した。（『後漢書』仲長統伝）

以上の例から、漢代にはさまざまな事由の「狂生」（佯狂）が出現し、その存在が容認から公認されるようになったと了解される。この流れは前漢の武帝のころ儒教が国教になり、親子・君臣の人倫秩序、社会規範が確立してくる時期と重なっている。儒教の教理が定着するにつれて、「狂」（「佯狂」）は道から外れた行いであることが判然とするのだが、儒学の祖である孔子が箕子や接輿ら「狂」（「佯狂」）の存在をかっこつきながら認めており、「狂」（「佯狂」）は暗君を見分けるリトマス紙のような存在と位置づけた鄒陽の理屈もあり、儒教の徳目を実践する方法論としても「狂」（「佯狂」）が公認された。その過程で「狂」（「佯狂」）は、為政者の無益な殺生や横暴なふるまいを抑止し、また民にとっても「世を避け」「其の身を全うする」手段として有効であるだけでなく、出世の手段、不本意な任官を拒否する手段としても有益に機能すると自覚されはじめ、官民どちらの側にも都合の好い処世の方便という新たな意義が見出されたのである。

第三章　六朝時代の「狂」

第一節　三国魏から西晋の「佯狂」と「方外の士」

（一）西晋時代――「方外の士」という概念の出現

六朝時代に「世を避け」「其の身を全うする」ことが逼られたのは、魏（二二一～二六五）から西晋（二六六～三一六）への政権交代の時期で、その処世の典型は「竹林の七賢人」に求められるが、とりわけ魏の宗室と縁の深かった阮籍と嵆康には、魏朝乗っ取りを狙う司馬氏からの圧迫が強く、嵆康は非業の死を遂げた。嵆康の父嵆昭は、曹操の軍の食糧を監督して曹操の挙兵に大いに貢献し、嵆康自身は曹操の曾孫女・長楽公主を妻に娶っていて、魏の王室と姻戚関係にあった。阮籍は父の阮瑀が、曹操父子が中心であった文学サロンで「建安七子」と称されたうちの一人であり、阮籍が幼いころに亡くなったが、その時には曹操の長子の曹丕が、阮瑀の遺族をいたわり慰める「寡婦の賦」や「寡婦詩」を作るほどで、魏の王室とはいわゆる家族ぐるみの付き合いがあった。阮籍が生き延びたことについて、王隠の『晋書』は次のようにいっている。

魏末の阮籍は、才能は有るが酒を嗜み荒放、髪を振り乱し、裸で肩脱ぎし足を投げ出し、役職についても日々護衛兵と飲酒放吟した。当時の人は魏の交代期を生きるために佯狂して時世を避けたとしているが、阮籍の本性なのか分からない。

狂ったふりをしているのか本性なのか誰にも悟られなかった阮籍の「佯狂」ぶりを、本伝（『晋書』阮籍伝）では、「時人の多く之を痴（愚か者）と謂う」といい、酒に関しては「阮籍は本来済世の志は有ったが、魏晋の交代期で天下に陰謀が多く、名士の多くは生命を全うできなかった。それで世事に関与せず、遂に酣飲を常態とした」という。儒教の教え、礼儀制度を無視した行為については、例えば礼俗の士に白眼をむいて応接したので「礼法の士は阮籍を仇敵のように憎んだが、帝はいつも保護した」という。帝は西晋の文帝、司馬昭。司馬昭は父の司馬懿の後を継いで魏朝の政治を補佐し、魏帝曹芳（魏・明帝の養子、在位二三九〜二五四）を廃して斉王に出して、魏・文帝の孫の曹髦（高貴郷公　在位二五四〜二六〇）を魏帝に立て、やがて曹髦を殺害して朝政の実質的な権力者となったのだが、正式な譲位を受けないうちに没したので、西晋王朝の成立後に文帝の号を追贈された。父司馬懿の宣帝の号も、同母兄・司馬師の景帝の号も同じく追贈されたもの。ちなみに父の司馬懿（字は仲達）は曹操に仕えて魏の建国を助け、文帝（曹丕　在位二二〇〜二二六）の時には、しばしば軍を率いて蜀の諸葛亮孔明と戦い、明帝（曹叡、文帝の子　在位二二六〜二三九）にも仕え、その遺詔により曹爽（魏の宗族の一人）と朝政を補佐した。やがて二四九年に曹爽を殺して政治の実権を握り、朝廷を支配した。このように司馬氏は、魏王朝の草創期から大番頭として曹操に仕え、歴代の天子を補佐してきた、そして魏王朝乗っ取りを目前にした一族なのである。司馬昭が阮籍を保護したことは、嵆康の手紙にも述べられている。

阮籍は……ただ酒を飲んでの過失があるだけです。礼法を尊重する人達から非難され仇のように憎まれていますが、幸いにも大将軍司馬昭様のお蔭で身の安全を保持しています。

（「与山巨源絶交書」『文選』巻四三）

司馬昭が阮籍に好意的であったことについては、次のような記載がある。

阮籍は放誕（言行が自由気まま）で、世俗の人を軽んじる気持ちがあり、仕官していても心が満たされなかった。司馬昭は阮籍を親しくいつくしみ、いつも一緒に冗談をいいあい、阮籍のしたいようにさせ、仕事のことで追い詰めなかった。

（『世説新語』任誕篇の注に引く『文士伝』）

或は次のような記載もある。

阮籍は人の過失をあれこれ口にしないので自然と高く聳える（人望を集める）ことになり、それで礼法の士の何曾《かそう》らに深く憎まれ目の敵にされたが、司馬昭がいつも彼をかばったので、寿命を全うできた。

（『三国志』魏書阮瑀伝の注に引く『魏氏春秋』）

何曾は、魏から西晋へ禅譲が行われた時の功労者。司馬昭が魏帝・曹芳を廃する時には「何曾は其の謀に預かった」（『晋書』何曾伝）とある。同書には何曾が阮籍の行為を非難したという記載もある。

何曾は阮籍が母の喪中に、司馬昭の宴席で酒を飲み、肉を食べているのを見て、親孝行を重視する御代に、これが親の喪に服す態度か、このような者は世界の果てへ捨て斥けるべきです、といい、司馬昭が阮籍はこのように羸《るい》病（やせて病んでいる）だ、私に免じて忍んでくれ、といっても更に責めた。司馬昭は何曾の進言に従わなかったが当時の人は、これを敬いおそれた。

（『晋書』何曾伝）

礼法を重んじる人々が阮籍を憎んだのは、礼儀作法や職責をないがしろにしたからであったが、阮籍が出仕したのは、俸給のためだけであった、という見方もある。

朝廷では彼の高い名声を理由に重用せよとの意見が多かったが、阮籍は俸給のために仕官しただけだった。

（『三国志』魏書阮瑀伝の注に引く『魏氏春秋』）

阮籍の職歴は、司馬懿の従事中郎（政治を補佐する官）、司馬師の大司馬従事中郎、司馬昭の大将軍従事中郎と、魏朝乗っ取りを狙う高位にある司馬一族の側近くに仕える官を歴任している。これは司馬氏が阮籍の言動を監視（保護）できる役職につけていたことを意味する。一方、阮籍は歩兵校尉の役所に美酒が蓄えてあると聞くと司馬昭に願い出て歩兵校尉（都の城門を守る屯兵の長官）となり、部下と飲酒の日々を送った。これは阮籍から司馬氏への、権力に野心がなく自由気ままに好き放題にくらします、というアピールを意味する。しかしそれでもいつも役所に行き、朝廷の宴会には必ず参加していた。つまり出仕拒否はしないけれどもその勤務態度や人々との交際の仕方は、礼法の士から憎まれるほどに世俗の事を打ち捨てた、「佯狂」ともみられる韜晦の処世態度を貫いたものであった。司馬昭が自分の息子司馬炎（西晋の初代天子・武帝）と阮籍の娘との縁組を持ちかけた時も、六十日間酒を飲み続け酩酊し続けて沙汰やみにした。この縁談を受ければ、阮籍は権力への野心があると疑われるし、断れば権力に抵抗する、謀反人とされかねないのである。このようであった阮籍を司馬昭が保護した理由は、阮籍の名声が高かったことなど様々に推察されるが、阮籍についた「方外の士」という人物評がかなりの要因と思われる。この人物評は、阮籍の母親の葬儀のときに裴楷が弔問に行ったが阮籍は哭礼もしなかった、この阮籍の行為を無礼だとする批判に対して、裴楷が下したもの。

裴楷が、阮籍は方外の士であるから礼典（礼法を定めた国の制度）など崇《あが》めない、私は俗中の士なので礼法の決まりに遵ったまでだといい、当時の人は、どちらの人物評も的を射ている、と感嘆した。

（『晋書』阮籍伝）

この故事は、『世説新語』任誕篇にも掲載されているが、裴楷の人物評の精確さはその本伝に、「裴楷は人物鑑定のめきだ」（『晋書』裴楷伝）とあるように、よく知られていた。裴楷が司馬昭に信頼されていたことは同書に、

吏部郎に欠員が出たので、司馬昭が鍾会に適任の人を問うと、裴楷は清通（聡明で物事に通じている）、王戎は簡要（あっさりとして要点をおさえている）、どちらも適任ですと答えた。それで裴楷を吏部郎にした。

とあることからも窺える。「方外の士」とは、世俗の外の人の意味で『荘子』大宗師に典故がある。次のような故事である。

子桑戸、孟子反、子琴張の三人は親友だった。子桑戸が死んだので、孔子が子貢を弔問に行かせると、孟子反、子琴張の二人は子桑戸の屍の前で歌っていた。子貢が「その態度は礼か」となじると、二人はお前に本当の礼が分かるかと笑った。子貢は帰って孔子に彼らは何者かと質問した。孔子は「彼らは方の外に遊ぶ者、私は方の内に遊ぶ者、方の内と外は一致しない、お前を行かせたのは浅慮だった。彼らは造物者（天）とつれあいになり、天地の気が変化するのに任せている者なのだ……」と答えた。

魏晋の時代は、老荘思想が流行しており、『荘子』や『老子』といった書物は当時の貴族の愛読書、必読書であった。葬儀における阮籍の無礼な態度から、裴楷が『荘子』の葬儀にまつわる典故を持つ「方外の士」をもって阮籍の行為を説明したのは誰もが納得する的を射たものであり、そこでの孔子のいう「方内に遊ぶ」者という自己規定は、儒教の教えを遵守する礼法の士を包含するものだから、まことに「当時の人が感嘆した」という通りの聡明で適切なくくり方なのである。裴楷と同時代の夏侯湛も『荘子』大宗師を典故にして、朝廷内で「佯狂」し、「狂」人ぶりを標榜していた東方朔を「方外に遊ぶ者」といっている。

（東方朔の）民をすくう度量の広大さ、包み込む懐の深さは、公卿大臣を凌ぎ、豪傑をあざ笑い、前賢を一絡げにし、貴勢を踏みつけるほど。出仕しても栄達せず、低い身分でも憂えず、天子とは同僚に対するが如く戯れ、同輩を草や芥の如く見ている。雄節は仲間よりすぐれ、高邁な気概は天下を蓋う。世俗の者からひときわ高く抜きん出た、方外に遊ぶ者とこそいってよい。

（「東方朔画賛」『文選』巻四七）

このころから「方外の士」という括り方が着目されたと見られるのだが、『荘子』大宗師で「方外に遊ぶ者」とされる三人は、造物者（天）と一体になるという道家の根本思想を象徴する架空の人物であるから当然、出仕はしていない。裴楷や夏侯湛が出仕している阮籍や東方朔を「方外の士」としたのは、彼らの志すところまでをも含めての人物評なのであり、『荘子』大宗師の典故の上に、実はさらに当時の人々が憧れる境地が反映されているのである。魏の曹植（文帝の同母弟）の「七啓」に、次の表現がある。

狩猟がおわると人々は、ゆったりと心のどかに楽しみ、志を方外に娯《たのし》ませる、これが狩猟のすばらしさです。

（『文選』巻三四）

「七啓」は、世俗の人である鏡機子《きょうきし》が老荘の遺風を慕う隠者の玄微子《げんびし》を訪れて、世俗の楽しみを七種類述べて俗世間に帰るように誘う内容の作品で、引用部分はその中の一つ、狩猟の楽しさを述べて玄微子を誘う言葉。「志を方外に娯《たのし》ませる」の方外は、李善注に「方は法なり」とあり、礼法など世俗の法則の外を意味する。日ごろ礼法など世俗の規範に縛られている俗人が、それを解き放ってのんびり自由気ままな境地を楽しむ意味であり、ここでは世俗の人々が素晴らしいとあこがれる境地、羨望する素敵な行為として用いられている。裴楷や夏侯湛が阮籍や東方朔を「方外の士」としたのは、単に彼らが礼法の外にいるというだけでなく、俗世の人が憧れる「志を方外に遊ばせ、娯《たのし》ませる」という概念を彼らの行為や志向に重ねているのであり、憧憬、敬慕する気持ちが含まれているのである。阮籍の文学が、反俗の精神、気骨が流れていることから後世「正始の音」と仰がれるのに通じる人物評といえる。「方外」に対する憧憬は、魏から西晋のころ老荘思想が流行して、自然の中で超俗の世界に遊ぶことに憧れる気運が起こり、貴族たちが「遊仙詩」、「招隠詩」、「玄言詩」などを盛んに作っていたことも時代背景にある。それでは当時の「佯狂」は、阮籍や東方朔を括った「方外の士」と、どのように相違するのであろうか、次に史書に当時の「狂」（佯狂）の実態を求めてみる。

（二）　三国魏から西晋のころの「佯狂」

魏から西晋のころの「狂」（佯狂）についてみるに、まず魏・呉・蜀の三国鼎立の一つ、呉の大司馬陸抗（陸機の父）に勇略を認められた吾彦《ごげん》の本伝に、次のような「佯狂」の事例がある。

吾彦は寒微の出身だが、文武の才幹があり、身の丈八尺、素手で猛獣を打ち殺すほど膂力絶群であった。陸抗は吾彦を抜擢するに際して、衆情の賛同を得るため、諸将を集め、ある人に「佯狂」を密命し刀を抜いて跳躍乱入させた。席上の諸将は皆懼れて逃げ出したが、吾彦だけが机を上げて防御した。皆がその勇気に感服したところで、陸抗は吾彦を抜擢採用した。

（『晋書』吾彦伝）

陸抗は寒門出身の吾彦抜擢を皆に納得してもらうために、狂人（佯狂）を登場させ、吾彦の勇気、膂力を証明しようとしたのである。陸抗の密命を受けて登場した「佯狂」はかなり芝居がかっているが、当時の人の「狂」者のイメージをよく具現化した姿といえよう。理性を失い、刃物を振り回して狼藉を働く凶暴で恐ろしいものである。実際に人を切った「佯狂」もいる。名門貴族、琅邪の王氏の王衍である。

王衍、字は夷甫、神情明秀、風姿詳雅であったが……、楊駿が娘との結婚話を進めると王衍はそれを恥として、遂に佯狂して免がれた。……王衍はもともと趙王倫の人と為りを軽んじていたので趙王倫が主君の地位を奪うと、佯狂して婢を斬り仕官を免れた。趙王倫が誅殺されると河南の尹を拝し、尚書に転じ尚書令（宰相の地位）になった。

（『晋書』王衍伝）

ここに見られる王衍の「佯狂」は、「忠」や「義」のためなどではなく王衍の我意、出仕拒否を通すためだけの「佯狂」であるが、婢を斬っても王衍が罪咎を追求された形跡は無い。王衍が結婚話を恥とした楊駿は、西晋・武帝（司馬炎）の妻、悼皇后の父。貴族から軽視されていたが外戚として重用され、武帝の死後に、恵帝（武帝の二男・司馬衷、在位二九〇～三〇六）が即位すると、太傅となり政治の権力を握った。しかし翌年には恵帝の妻賈皇后（賈充の娘）と彼女にそそのかされた楚王瑋（恵帝の異母弟）らに殺された。楚王瑋は楊駿一族の討伐が終わると賈皇后に殺された。恵帝は妻の賈皇后や外戚の賈氏一族に政権を専横させ、その在位期間中は「八王の乱」（司馬氏の八人の王族が互いに殺し攻め合う争乱）が続き、暗君の典型とされている。また王衍が仕官を拒否した趙王倫（?～三〇一）は司馬懿（宣帝）の九男。愍懐太子殺害の罪状を問うとして賈皇后やその一族を殺し、政治の実権を握ったが、翌年には斉王冏（武帝の弟司馬攸の子）らの挙兵で殺された。愍懐太子は暗君恵帝の長子で生母は謝才人だが、剛い性格のため、賈皇后やその甥の賈謐らとうまくいかず、賈皇后の策略で殺されたのである。王衍はこのような「暗君乱世」を、婢を斬るほどに凶暴な「佯狂」ぶりを発揮して乗りきった。そして西晋王朝の尚書令にまでなった。しかし政治につとめず、永嘉の乱の最中に、敵の石勒（後趙の建国者）に「私は若いころから世事（世俗の仕事、政務）に係わらなかったし、自分でも免れたいと思っている。だから石勒よ、君が即位すればよい」といい、石勒に「君の名声は国中に聞こえ、身分は高位に在り、若い時から朝廷に上がっていながら、白髪頭のいまになって、どうして世事に係わらなかったなどと言えようか、天下を破壊したのは、正しく君の罪だ」と呆れられ、殺された（『晋書』王衍伝）。永嘉の乱は、三〇七年から三一二年までつづいた異民族の侵入と諸王の抗争をいう。これにより都・洛陽が陥落し西晋王朝が崩壊した。

引用した事例から、当時の「佯狂」は、実際の「狂病」が包含する凶暴な一面を示すようになっていたと見て取れる。『晋書』郭舒伝には、当時の権力者が「狂病」の名目を利用した事例が記載されている。

郭舒は、幼時から将来の国器と称賛されていた。王澄は其の名声を聞いて別駕に採用した……、宴席で宗廞《そうきん》が酒に因り王澄に逆らったので、王澄は怒り側近に棒で打たせた。郭舒が側近に「使君（王澄）は酔っているのだ、きみらは妄動するな」というと、王澄は怒り「別駕（郭舒）は狂ったか、私が酔っているとは誑言だ」といい、郭舒の鼻をつまみ眉頭に灸を据えた。……後に郭舒が王敦に仕えた時、王敦が土地を無法搾取しようとしているので、郭舒が諫言しかけると、王敦は「王澄はお前が狂病なので鼻をつまみ眉頭に灸を据えたのだ、再発したのか」といった。郭舒が「古の狂や直なり、周昌、汲黯、朱雲は狂ってはおりません……」というと、王敦はすぐに土地を返還させ、人々はみな之を壮挙とした。

王澄は気に食わない諫言をした郭舒への意趣返しに、郭舒を「狂病」だとして、その鼻をつまみ眉頭にお灸を据えた。これが狂病の治療法なのかは不詳だが、目立つ所に烙印を押したのであり、「狂」（佯狂）だと指摘するだけよりも過激化、暴力化している。後漢の「鸚鵡賦」などで有名な文人禰衡の、自称「狂病」

に対する当時の権力者の処遇と比較するとよく分かる。禰衡の本伝に次の記載がある。

　禰衡は孔融に其の才能を愛され、曹操に引き合わされたが、自ら「狂病」と称して無礼な振る舞いをした。曹操は大いに怒り殺そうとしたが、度量が狭いと思われるのがいやで、劉表に送った。劉表は当初こそ、その文才を喜んでいたが、侮蔑されたのを屈辱として許容できず、心が狭くせっかちな性格の江夏の太守黄祖のもとに送った。禰衡の相手を軽んじる驕慢な態度は変わらず、遂に黄祖に殺された。享年二十六歳。

（『後漢書』禰衡伝）

禰衡の自称「狂病」も、諫言や「義」、「忠」などのためではなく、恣意的な振る舞いの盾に古来の「狂」（佯狂）の観念を利用したにすぎないのだが、曹操や劉表は自称でも「狂病」（佯狂）には直接手を下していない。王敦の「狂病の再発か」という言葉には、返答しだいでは更なる荒療治も有るぞという脅しと、孔子が認めた「狂」を確認する気持ちが感じられる。郭舒は敢えて主君に進み出て忠義の信念に基づいて物申したのだから、孔子が「狂者は進みて取り……」（『論語』子路）という狂者に重なる。また郭舒が王敦に反駁して「古の狂や直（まっすぐな心）なり」と『論語』泰伯篇の言葉を引用しつつ名前を挙げた、周昌、汲黯、朱雲らはいずれも史上に直諫の臣として名を残している。例えば『揚子法言』巻十一に「直諫したのは周昌、汲黯」とある。周昌は漢の高祖（劉邦）が沛で挙兵したころからの部下で、その本伝に次のようにいう。

周昌は……力が強く、敢えて直言する性格だったので重臣もみな彼にへりくだっていた。……高祖も一番周昌を憚っていた。……高祖が太子を廃して、戚夫人の生んだ如意を立てようとした時の周昌の諫言は強烈だった。

（『史記』周昌伝）

汲黯は前漢の武帝に「昔、社稷の臣というものがあったが汲黯はそれに近い」と認められていたが、本伝には次のようにある。

しばしば切諫したので久しく朝廷に留まることが出来ず、東海太守に遷された……、直諫を好み、しばしば武帝にいやな顔をされた……、しばしば直諫したので久しく位にいることが出来なかった。

（『史記』汲黯伝）

朱雲は「折檻《せっかん》」（強く諫めること）の語の典故で知られている。本伝に次の記載がある。

前漢の成帝の時、朱雲は朝廷に居並ぶ大臣たちの面前で、「彼らは、特に帝師であることを理由に位を特進された張禹は、職責をはたさず禄を食んでいるだけだ」といった。成帝は怒り、御史が朱雲を引き下がらせようとしたが、朱雲は御殿の檻（欄干、てすり）にすがりついて離れず、檻が折れた。朱雲はさらに大声でいった「地下で関龍逢（夏《か》の賢臣、桀《けつ》に長夜の飲をやめるよう諫言して殺された）や比干に従い遊べれば満足だ、聖朝がこれからどうなるかは知らないぞ」。朱雲が連れ去られると、辛慶忌が叩頭し額から血を流して「この臣はもともと狂直で世間に知られています。……許すべきです」といったので、成帝の心も解け、折れた檻を修理させず「直臣の旌（シンボル）としよう」といった。

（『漢書』朱雲伝）

魏から西晋のころ、「佯狂」には狂病のリアリティー、特に凶暴性が織り込まれるようになり、「狂」（狂病）者とみなされると、「狂」の観念により殺されず罪せられないけれども、治療と称する荒療治があるようにもなった。「佯狂」と「佯狂」への対応がこのように過激な形態に変容したのは、司馬氏の政権への出仕拒否に「佯狂」を利用する者が増加したことと、それを阻止しようとする側の思惑が相俟っての結果と推量される。例えば、司馬政権への仕官を斡旋しようとした山濤に、絶交の意を伝えた嵇康の手紙にも、仕官の志は無く隠者暮らしが望みだと再三述べた後に、出仕を強要されたら発狂するだろう、という記述がある。

一旦之を迫れば、必ず其の狂疾を発せん。

（「与山巨源絶交書」『文選』巻四三）

この表現を用いた嵆康の真意は不明で、常套句の感も否めないが、司馬氏としては放置できない風潮であろう。つまり当時の「佯狂」は、凶暴性をおびたものに変容しただけでなく、出仕拒否の手段、我意を通す方便にすぎないものとなり、「佯狂」に対する古来の敬意も失われていたのである。一方、阮籍や東方朔は、出仕拒否はしないけれども権力から距離を置いた自由気ままな勤務態度を貫き、一種の憧憬と羨望の念さえも持たれていた。このようであったから、当時の「佯狂」で括りきれず、特に阮籍のような例は「方外の士」とされたのである。なお、出仕拒否を貫いた嵆康は友人の呂安を弁護した時、鍾会が司馬昭に嵆康は華士《かし》のような奴ですから除くべきですと申し立て、それを信じた司馬昭に殺された。

鍾会はさらに讒言して言った「昔、斉の太公望は華士を殺戮し、魯の孔子は少正卯《しょうせいぼう》（春秋、魯の大夫。悪逆の振る舞いが多く、政治を乱す者とされた）を誅殺しました。誠に時を害し聖人の教えを乱すゆえに、聖賢は彼らを除去したのです……」。

（『晋書』嵆康伝）

華士は一説に狂矞《きょういつ》（譎）・華士の兄弟（本書では同一に扱う）。周代、斉の太公望が海辺にいた狂譎を仕官させようとしたが、「耕作して喰《く》らい、井戸を掘って水を飲み、お上からの爵位も、君主の俸禄も受けない」

と「義」を立て出仕拒否をして殺された。太公望が狂矞（華士）を殺した是非については、歴代の議論があるので六朝時代までの各論を概略見ておくと次のようになる。まず戦国時代末の『韓非子』（外儲右上）は「是」とする。

君主が臣下を治める方法は三つ有る、一つは君主の権勢で変化させられない者は除去すべし……だから太公望は（仕官しない、賞罰で動かせない）狂矞（華士）を殺したのだ。

前漢の『淮南子』（人間訓）は、時代の風潮のせいだとしている。

狂譎（華士）は祿を受けず誅殺された（原注、狂譎は東海のほとりの人。田を耕して食らい辞譲して祿を受けなかった。太公望は虚を飾り民を乱すと思い誅した）。段干木は宰相を辞退して顕彰された。行為は同じなのに利害が異なるのは、時世の風潮による。

段干木は戦国時代、魏の隠士。魏の文侯は賢人として敬いその門前を通る時、必ず敬礼した。強大な秦はこれを聞いて魏に攻め入らなかった（『史記』魏世家）。『呂氏春秋』には「段干木は晋の闇ブローカーの大親分だが、（孔子の弟子の）子夏に学んだ……刑罰を受け刑死してもおかしくはない者なのに、天下に名を知られ王侯貴人から礼遇された」とある。

後漢の初期、王充の『論衡』（非韓）は、太公望の処置は小さい功績にしかならないとする。

『韓非子』が太公望の処置を「是」とするのは、狂譎（華士）らを天子の御用を為さず無益で有害と思うからだ。だが狂譎（華士）らは段干木と同類なのだ。太公望は狂譎（華士）らを誅しても何も退けなかったが、魏の文侯は段干木を敬い、それで屈強な秦の侵攻を退け、魏を全うした。どちらの功績が大きいだろうか。

六朝時代の晋の葛洪の『抱朴子』（逸民）は、狂譎（華士）を隠者とみて太公望の処置を大悪とする。

諸帝が隠逸の士を褒顕したことが正しければ、太公望が狂譎（華士）を誅殺したのは凶酷な大悪であること明白である。

司馬昭は嵇康を殺した後、非を悟り後悔したという（『晋書』嵇康伝）。そして西晋も司馬氏の天下になると、貴族たちの中に「佯狂」してまで出仕拒否をする処世を忌避、疑問視する風潮が広がってくる。「竹林の七賢」の一人向秀《しょうしゅう》が出仕したときの、次の逸話によく反映されている。

嵆康が誅されて後、向秀が郡の上計職に推挙されて、都の洛陽に来た。司馬昭は引見して言った「箕山の志が有ると聞いているが何故ここに来たのかね」、向秀は答えて言った「巣父・許由は狷介の士です、手本として見習う点は多く有りません」、司馬昭は大いに歎息した。（『世説新語』言語篇）

箕山の志は、隠逸の志。巣父・許由は堯《ぎょう》（伝説上の古代の聖天子）の禅譲の申し出を穢れると断り、節操を守るため箕山に隠れた。「狷介の士」は、ここは『論語』（子路）にいう「狂狷」の狂者と対《つい》の狷者。「狷者は為《な》さざる所有り」という。頑固に自分が「義」とする信念を守り、出仕しない隠遁生活者。許由が「狷」者の象徴と認識されていたことは、「狂」者の元祖接輿と時系列の対比で表現されている次の作品からも明らかである。

今の世の処士（学問や徳がありながら仕官してない人）は在野で、時代が上の人としては許由を、下っては接輿の処世をじっと観察しているのです……。（東方朔「答客難」『文選』巻四五）

太康（西晋の年号、二八〇～二八九）詩壇の張協は、「七命」という作品の中で、隠棲する沖漠公子が晋の徳の高さを聞き出仕を決意した時の台詞に、「狂狷」を愚かさの意味で使っている。

沖漢公子はがばと起き上がり言った、私は頑固で見識が狭く此の狂狷（愚かさ）を守って参りました。……私は聡明ではありませんが、あなたの後塵に従い、出仕しようと思います。

（「七命」『文選』巻三五）

六臣注に「狂狷は愚蒙なり」とある。同じく太康詩壇の陸機は、賈謐に答えた詩で、「狂狷」を愚かな私でも、という謙遜の自称に使っている。

民之胥好　民の胥好《あいよみ》する
狂狷厲聖　狂狷も聖を厲《みが》く
儀形在昔　在昔《いにしえ》に儀《かたど》り形《のっと》り
予聞子命　予《われ》　子《し》の命《めい》を聞かん

ともどもに好いほうへ戒め進めば、狂狷（愚か者の私）も聖知を磨けましょう。昔の聖人を模範にして、私はあなたのご下命に従います。

（「答賈長淵詩」『文選』巻二四）

引用部分は、賈謐が西晋へ出仕した呉出身の陸機に、南の柑《みかん》も北に渡ると橙《だいだい》になる、と変節をいさめたこと（潘岳に代筆させた「贈陸機詩」）に対する答の部分。「狂狷も聖《せい》を厲《みが》く」は、『尚書』多方の「聖君（上智の名）も善を念《おも》うことがなければ狂者（下愚の称）と作《な》り、狂者もよく善を念《おも》えば聖君と作《な》る」を踏まえる。賈謐は西晋・恵帝の賈皇后の甥で、外戚として大いに権勢をふるっており、陸機は賈謐がパトロンの文学集団「二十四友」の一人に数えられている。陸機の弟陸雲は、謙遜の自称に「狂夫」（愚かな男）の語を使っている。次のような用例がある。

臣能《よ》く狂夫の言有るを将《も》って、以《もっ》て聖徳を裨補《ひほ》すべし（臣下の愚か者の言辞ではございますが、些かなりとも聖徳の補いとなりましょう）

（「国起西園第《やしき》表啓」）

敢えて狂夫の諫《いさめ》を尽くさざることなき者なり（愚か者の諫言ではございますがあえて直言申し上げます）

（「西園第既成有司啓」）

狂夫区区《くく》の情、臣雲云云す（愚か者の取るに足らない考えでございますが、臣下の陸雲申し上げます）

（「盛徳頌」）

以上のように西晋、司馬氏の政権下になると、「義」を立てて頑なな出仕拒否をすることは愚かしい行為だという傾向になり、それとともに政権にいっぱしの正義を貫く「狂狷」は愚か者の代名詞のようになり、凶暴化した「狂者」（佯狂）はもちろん「狷者」も愚蒙と見られるようになったのである。

第二節　東晋時代の「狂」――「狂士」と「方外の賓」

（一）　東晋草創期、「放達」の流行と「佯狂」の消滅

東晋王朝（三一八～四二〇）になると、頑な出仕拒否や処世態度はほとんど見られなくなる。それに代わり、西晋の末から東晋の初めのころ、貴顕の間では、竹林の七賢人の特に阮籍の生活態度の表面的な形だけを模倣する「放達」が流行した。周顗の逸話がその風潮を伝えている。

周顗は雍容として風采が好かった。王導を訪ね……坐に着くと傲然と嘯詠した。王導が「君は嵇康や阮籍をお手本として慕うのかね」と聞くと、「どうして近くのあなた様をおいて遠い昔の嵇康や阮籍を慕いましょうか」と答えた。

（『世説新語』言語篇）

王導は東晋王朝建設の功労者であり、政権の実力者。永嘉元年（三〇七）に、司馬睿（司馬懿の曾孫）を補佐してわずかな供まわりをつれて、江南の中枢である建鄴（後の建康・東晋の都、今の南京）に入り、地元豪族達の協力を取り付け、永嘉の乱で逃れてきた貴族を収斂し結束させる努力を重ねて、司馬睿を東晋初

代の天子・元帝（在位三一七〜三二二）に即位させた。王導は丞相となって元帝を支え、以後も、明帝（在位三二二〜三二五）、成帝（在位三二五〜三四二）と三代の丞相をつとめた。周顗は、王導へのお世辞、恭順の意を表すためとはいえ、阮籍を真似て嘯詠しているのに阮籍や嵇康は遠い昔の人になった、お手本にしないと、言っている。「嘯」は口をすぼめて声を出す発声法で、道家の養生法の一つ。『晋書』阮籍伝に「尤も荘老を好む、酒を嗜んで能く嘯き、善く琴を弾ず」とある。周顗のこのような言動は、「放達」の流行の影響を受けた一つの典型を示している。「放達」の代表的な人物をまとめて「八達」と称するが、その一人とされる胡毋輔之の「放達」ぶりをみると、次のようである。

　胡毋輔之は若くして高名を独占していたが、酒を嗜み放縦に任せ小節に拘泥せず、王澄、王敦、庾敱らと王衍に親しまれ「四友」と称された……中央の官職には就かず……、また地方官を願い出て、楽安（江西省）太守となり、現地の光逸と昼夜酣飲して、郡の実際の政務をしなかった。都に戻っても結局、謝鯤、王澄、阮脩、王尼、畢卓らと放達をした。江南に渡り、東晋・元帝の湘州刺史となり赴任の途中で没した、享年四十九歳。　（『晋書』胡毋輔之伝）

「放達」とは、出仕拒否はしないが、酒を嗜み放縦に任せ、仕事や職務を顧みない、という処世態度とわかる。かれらの様相については、胡毋輔之が楽安太守のときに「奇才なり」と見出した光逸の本伝に、次のような記載がある。

光逸が世乱を避けて江南に行くと、……胡毋輔之は謝鯤、阮放、畢卓、羊曼、桓彝、阮孚とともに髪を振り乱し裸になって、部屋を閉じて思う存分に酒を飲むこと連日であった、光逸は戸を押しあけて入り、ともに飲んで昼も夜も飲み続けた。当時の人はこれを八達といった。（『晋書』光逸伝）

このような「放達」ぶりに批判的な人もいた。西晋の末、風流の第一人者とされた楽広である。

……このころ王澄、胡毋輔之らは皆、「放」（気ままに振舞う）を「達」（自由な生き方）だとして、裸になる者もいた。楽広は、笑って言った「名教の中にも楽しい境地があるのに、なにもそんなことまでしなくても」と。（『晋書』楽広伝）

名教とは、名分を正して秩序を保つという儒教の教え。楽広の台詞は、『世説新語』（徳行篇）にも記載されており、次の注が施されてある。

（阮籍の）後の上流貴族社会の子弟、阮瞻、王澄、謝鯤、胡毋輔之らは仲間として皆、阮籍の振る舞いのまねをして、大道の本《もと》を得るのだといい、それで頭巾をとり去り（ざんばら髪で）、衣服を脱ぎ、見苦しい様子を露呈し、禽獣と同様にし、その程度の甚だしい者を「通」と名づけ、次を「達」と名づけた。（王隠『晋書』）

東晋王朝は、前の西晋王朝が「八王の乱」などで弱体化したところに異民族の襲来を受けて滅亡し、その生き残りが江南に逃げて、建康を都に創建した王朝であるから、とくに草創期は貴顕を一人でも多く自分の陣営に確保せねばならなかった。それでかたくなな出仕拒否を愚蒙とし、王朝の度量の大きさを示すためにも「放達」を受け入れたのである。一方、貴顕も政権が不安定な時期には、うっかり職務に専念して危ない目に遭うより、「放達」をして「世を避け」時を稼ごうとした。周顗も西晋時代は、若くして世間に広まった清廉・高尚だという立派な評判があり、秀でた風采としっかりした芯が一本通っており、同時代のすぐれた人がなれなれしくしたとしても、節度を越えて狎れ合えることはなく、世間の人からは「高くそびえて断山（切り立った山）のようだ」と目されていた（『世説新語』賞誉篇）。王導の従兄王敦は、日頃から周顗をおそれて、周顗に会うたびに顔が熱くなり、冬でも扇子で扇ぎつづけた（『晋書』周顗伝）という。優秀な臣下を多く集めたといわれる東海王司馬越の嫡子毗の長史（軍府の総元締め）にもなった。

しかし東晋時代の周顗は、本伝によれば次のようであった。

周顗は吏部尚書に任命されたが、酒に酔って役人に糾弾され……尚書の紀瞻が周顗や王導たちを招いた宴席でひどく酒におぼれ礼儀を失い、また役人の申し立てるところとなった。……初め、周顗は雅望により国内の盛名をあつめていた。後に（東晋になってから）酒を飲んでの過失が重なり、僕射になっても酒が醒めている日が無く、当時の人は「三日僕射」といった。庾亮はいった「周顗の末年は、いわゆる鳳の徳が衰えた、というものだ」と。……王導は周顗をとても重んじていた。

（『晋書』周顗伝）

紀瞻の家に招かれての事件は『世説新語』（任誕篇）にも記載されており、そこに次のような注がある。

王導は周顗や役人たちと尚書の紀瞻を訪れ、その家の妓妾（芸能に携わる女性）を観賞した。周顗は衆人の中で、紀瞻が可愛がっている新曲を歌える妓妾と通じようと醜い卑猥さを露呈して、恥じる様子も無かった。役人が周顗の免官を奏上したが、詔が下って特別に許された。（鄧粲の『晋紀』）

紀瞻の家での事件は、阮籍の女性に関する次の逸話を想起させる。

阮籍は隣の家の美しい若妻が酒場で酒を売っていたので、王戎と連れ立って飲みにゆき、いつも酔うと彼女の傍らで寝てしまった。はじめ亭主は疑って様子を見ていたが、阮籍に他意はなかった。
（『世説新語』任誕篇）

周顗の「三日僕射」の件は『世説新語』（任誕篇）には、次のように記載されている。

周顗は人格も行いも優れ上品で慎み深かったが、よく危険や騒乱も理解していた。それで江南に渡ってからは長年いつも大酒を飲んでいて、三日経っても酔いが醒めなかったこともあり、当時の人は「三日僕射」とよんだ。

『世説新語』は周顗が「よく危険や騒乱を理解していた」の一文を加えることで、周顗の飲酒や「放達」は、「乱世を避ける」ための阮籍に倣った処世術だと理解されていたことを伝えている。庾亮が周顗の末年について「鳳の徳が衰えた、というものだ」というのも、楚狂接輿が孔子に歌った「鳳よ鳳よ、何と徳の衰えたことか」（『論語』微子篇）を意識し、周顗への敬意も踏まえて周顗は「世を避けている」のだ、と評したもの。周顗自身も「世を避ける」お手本として「嵆康や阮籍は遠い昔の人になった」と言いつつも、阮籍の「方外の士」を意識していた。それは次の逸話から窺える。

東晋の明帝（司馬紹）が周顗にたずねた、「君は庾亮とくらべてどう思うかね」、答えていった「方外で蕭條（ひっそり暮らすこと）は、庾亮は私に及びません、しかし政堂でゆったりと構えるという点では、私は庾亮に及びません」。（『世説新語』品藻篇）

同様の話が『世説新語』（品藻篇）に、明帝が「八達」の一人謝鯤に、庾亮と比べてどう思うか、と質問した形で記載されているが、こちらは「方外」ではなく「一丘一壑」で答えている。

明帝（司馬紹）が謝鯤にたずねた「君は庾亮とくらべてどう思うかね」、答えていった「政堂で衣冠礼服を整えた正装で、百官のお手本になるという点では、私は庾亮に及びません、しかし一丘一壑となれば、私は彼にまさると思います」。

「一丘一壑」は、一つの山岳に棲んでも一つの渓谷で釣りをしても満足すれば楽しめる（『漢書』叙伝）ことから、身を俗世間の外（山水自然の中）におき悠々自適して風流を楽しむこと。周顗のいう「方外」は、先に見た『荘子』大宗師などを典故とする概念であり、謝鯤の「一丘一壑」は具体的な生活様式という違いはあるが、どちらも「政堂」（朝廷）に対峙する処世態度をいい、俗世間の外にいる、という点では同じ意味である。出仕拒否はしないが、「方外」、「一丘一壑」にいる者として評価してほしい、といっているのである。この二例の会話は、いわば朝廷の採用人事の面接試験のような意味を持っていた。謝鯤の本伝（『晋書』謝鯤伝）では、謝鯤と明帝との会話の前の所に「論ずる者は君を以て庾亮に方《くら》ぶ」の一文が挿入されてある。論ずる者は何を論じたのかといえば、「郷論」（地元での評判）のなごりの人物評論である。当時の官吏登用の方法は、三国魏のころから実施された九品中正制度、つまり「郷論」をもとに、中正（評定官）が候補者の人物・品格を一品から九品までの郷品（ランク）に分けて、それに相応する官僚に採用する方法が基本であった。比較の対象となった庾亮は、東晋・元帝にすぐれた人物だと見込まれて、庾亮の妹を元帝の長男・司馬紹（明帝）の嫁（穆皇后）にするほど重んじられ、成帝のころには二十三歳も年上の王導よりも政治の実権をもって王政の補佐をした。庾亮と比較されたということは、謝鯤も周顗も王朝の政治を担う候補者、或はそう期待されている人物であったといえよう。明帝の質問は、いわば政権参加への意欲や姿勢を問うものであり、彼らは、阮籍のような立ち位置にいたいと答えたのである。なお庾亮の政治に臨む態度は、きっちりと威儀を正した法治主義であり、王導は寛大に程よくやわらかくして各勢力のバランスを調整しつつ王朝の安定を図ろうとする寛和政治の姿勢であった。庾亮が王導の政務態度を快く思っていなかったことを伝える逸話がある。

王導がある夏の日に石頭（都・建康の郊外）へ庾亮に会いに行くと、庾亮はちょうど仕事中であった。王導が「暑い時だから、少し簡略にするといいですよ」というと、庾亮は「あなたの政務を顧み

ない勤務態度を世間の人はそれで充分だとは思っていませんよ」と答えた。(『世説新語』政治篇)

しかし王導は自分の大まかでゆるゆるした政務に対する態度をよしとしていた。

王導は晩年にはほとんど政務を見ず、書類に封をして「よし」というだけであった。そしてため息をついていった「人は私を憒憒《かいかい》(愚かでぼんやりしている)というが、後の人はきっとこの憒憒をなつかしく思ってくれるはずだ」。(『世説新語』政治篇)

寛和政治を行った王導に重んじられ、阮籍を意識した「方外」をアピールした周顗は、しかし結局は阮籍のまねを貫けず、「王敦の乱」の時に殺された。東晋初期は、王導が政治面を、王敦が軍事面を担当して元帝(司馬睿)を補佐し、「王と馬と天下を共にす」(『晋書』王敦伝)といわれるほどであったが、やがて元帝が王氏一族を牽制し敬遠し始めると、荊州刺史として西府(武昌)に駐屯していた王敦が、君側の奸を除くという大義をたてて挙兵し、都・建康に攻めよったのである。窮地に追い込まれた王導は一族の者を引き連れて毎朝宮門に行き天子に謝罪した。そのときのことを周顗の本伝は次のように記載している。

周顗が宮中に入るのを見て王導は口添えを頼んだが周顗は無視して入り、実は懇ろに元帝に王導の弁護をし、それで王導は救われたが、周顗はそのことを口にしなかった。王導は周顗が王敦に殺されてから周顗が弁護したことを知り、諸子に私は周顗を殺さなかったが、周顗は私のせいで殺された、といった。（『晋書』周顗伝）

一方、「一丘一壑」をアピールした謝鯤は王敦に長史として仕えていたが、道を以て補佐出来ないと分かると、都で成り行き任せ酒を縦にしていた。乱を起こした王敦に朝廷に顔を出すように忠告、諫めたが聞き入れられず、謝鯤は豫章郡に出され一年足らずで亡くなった（『晋書』謝鯤伝）。「王敦の乱」は明帝の時に蘇峻らの軍により収まったが、庾亮が蘇峻らの勢力を抑えようとして「蘇峻の乱」を引き起こし、江西の温嶠や、西府（武昌）の陶侃、北府（京口、後の楊州）の郗鑒らの軍隊が協力して終息させた。乱の後、北府は郗鑒と王導が守りついで謝玄が就任し、西府は陶侃の後を庾亮と庾翼が守りついで桓温《かんおん》が荊州刺史になって就任するころ、東晋王朝はようやく安定期にはいった。

桓温は王位簒奪の寸前に病死したが、蜀や北方征伐に成功した東晋中期の最高実力者。父は「八達」の一人桓彝で、妻は明帝の娘、南康長公主。桓温夫妻の「方外」と「狂」に関する興味深い発言がある。

桓温は謝奕を呼び寄せ司馬にした。……謝奕は昔のまま布衣の交わり（身分や地位に拘らない交友）を続け、桓温の宴席でも頭巾をあみだに被り嘯詠し、桓温はそのたびに我が「方外の司馬」といっていた。謝奕は酒にまかせてますます礼節を無視するようになり、桓温が部屋に戻ると後について部屋の中まで入って来るようになったので、ついには謝奕が酒に酔うと、桓温は妻の部屋に避難した。妻は言った「あなたの「狂司馬」がいなかったら、私はあなたにどうやってお目にかかれましょうか」。

(『世説新語』簡傲篇)

桓温が阮籍を真似る謝奕を「方外の司馬」といって許容したのは、自分の器量の大きさや、名君主であること、頑なな出仕拒否を否定していることを示すためと思われるが、妻はあっさりと「狂司馬」(おばか司馬)と言っている。当時影響力のあった桓温夫婦の発言から、阮籍を意識する「方外」が「狂」(痴、愚か)と同一概念になっていたと分かる。ただ、ここで評された「狂司馬」は、存在を許容し容認した狎れ合いの「狂」(愚か者、おばかさん)であり、敬意は含まれないが礼法の士が阮籍に対したようなとげとげしさはない。桓温が頑なな出仕拒否を好まなかったことは次の逸話からも窺える。

桓温は『高士伝』を読み、於陵仲子《おりようちゆうし》のところで放り投げて言った「誰がこんな堅苦しい暮らしぶりを続けられるか」。

(『世説新語』豪爽篇)

於陵仲子は春秋時代、斉の陳仲子。兄が斉の宰相になったのを不義として楚の於陵に住み飢餓にも耐え、楚王が宰相に招くや夫婦で逃げて出して農園に雇われ畑仕事をして「義」を貫いた。桓温は「佯狂」の元祖箕子についても敬遠している。

王珣が桓温に聞いた「箕子と比干は、行為は異なりますがその心は同じです、どちらを是としますか」。桓温は「仁と称されるならば、むしろ管仲でありたい」と答えた。（『世説新語』品藻篇）

箕子と比干は、微子とともに孔子に殷の三仁と称賛された（『論語』微子）。桓温の発言は、子路が孔子に「桓公が兄の糾を殺した時、糾の部下の召忽は殉死し管仲は死ななかった、仁ではないですね」と聞き、子貢も「管仲は殉死しないどころか桓公の宰相になった、仁ですか」と聞いた、その時の孔子の答え「桓公が武力を用いずに覇者になれたのは管仲の力だ、その恩恵を民は受けて民度が上がったのだから匹夫匹婦の心中レベルの話ではない、管仲は仁だ」（『論語』憲問）を踏まえ、小仁より大仁をよしとすると言っている。政権の最高実力者である桓温のこのような考え方のもとでは、出仕拒否さえしなければ、過去の動静や行動様式、勤務態度が「放達」でも、阮籍をきどる「方外蕭条」でも、「一丘一壑」でも、「狂」（おばかさん、変な奴）ということで許容する思潮であったと思われる。だから実際に辞職した葛洪（号は抱朴子）は、愚かの極みという語感をもつ「狂惑の疾あり」（狂って道理がわからなくなる病気になった）と思われたという。次の記載がある。

抱朴子はいった、私は忝くも大臣の子孫であるが……俗人はみな私が郷里を捨て、立派な官につく道に背を向けて、林の藪の中で自ら耕し、手足にたこやまめができているのを怪しみ不思議がり、私が「狂惑の疾」に罹ったと思っている。しかし仙道と世事は両立しない、もし俗世間の務めをやめなかったら、どうしてこのような志を修め得られようか。

（『抱朴子』内編巻四金丹）

葛洪は、西晋末の「石冰の乱」には志願して従軍し戦功を立て、東晋の元帝が即位すると関内侯の爵位を授けられ役職についていた（『晋書』葛洪伝）。

西晋末から東晋の草創期に、「佯狂」は「放達」に変容し、阮籍をきどる「方外の士」も「狂」（愚か者、変な奴）の概念に包括された。しかし「狂」の偏った者という基本的な観念は継承されており東晋が安定期に入ると「狂」の観念は新たな方向に展開する。

（二）　東晋安定期、「狂士」と「方外の賓」（高僧）の出現

東晋王朝も安定期になると「狂」はその偏った者という基本的な観念から、新たな二方面の展開をみる。一つは、出仕拒否はしないが、職務を忘れて山水自然の遊賞、遊放（気儘にぶらぶらする）に耽る「狂士」の出現である。

劉惔が言った「孫統は狂士だ、ある所に行くたびに何日も賞翫していたり、或は途中まで行って引き返したりする」。（『世説新語』任誕篇）

孫統は、「漱石枕流」で知られる負け惜しみの強い隠者孫楚の孫。幼いころに弟の孫綽、従弟の孫盛と共に江南に渡り、会稽（浙江省紹興県）に住まいを構えていた。「ある所」とはどこか具体的には不明だが、会稽のあたりと思われる。孫統の本伝に次の記載がある。

孫統は、……会稽に家があったが、山水を好む性分で自ら求めて鄞《ぎん》（浙江省）の県令と為り、転勤して呉寧（浙江省）に住んでいた。在職はしていたが心は職務に無く、勝手気ままに遊歴し、名山勝川訪ね尽くさない所はなかった。後に余姚（浙江省）の県令と為り、卒す。（『晋書』孫統伝）

会稽は山水名勝の地として名高く、名士が多く居住しており、弟の孫綽も家を構えていた。孫綽の本伝に次のような記載がある。

孫綽は若いときから高陽の許詢と倶に高尚の志をもっていた。会稽に住んで、勝手気ままに山水を遊歴して十年あまりを過ごし、「遂初の賦」を書いて、其の隠逸の思いを存分に表白した。……やがて庾亮の参軍（事務官）となり、太学博士を拝命して、尚書郎に遷り、揚州刺史殷浩、会稽内史王羲之の長史となり、桓温に仕えて廷尉卿（法務大臣）、領著作（国史の編纂を司る官）となった。

（『晋書』孫綽伝）

孫綽は山水を遊放し、代表作の「天台山の賦」と共に、隠遁の志を開陳した「遂初の賦」の著者として知られている。山水の遊賞に耽る「狂士」が出現したのは、江南の美しい自然に触発されて、山水愛好の風潮が高まったことが背景にある。「狂士」の生き方が容認され、当時の貴族の憧れになっていたことは、書聖とも称される王羲之が主催した「蘭亭の集い」からも窺える。王羲之の本伝に次のように記載されている。

王羲之はもともと服食養生を好んでいたので都にいても楽しくなかった。初めて浙江を渡るや、ここで生涯を送ろうという気持ちになった。会稽には美しい山水があり、名士も多く住んでおり、出仕前の謝安も隠棲していた。孫綽、李充、許詢、支遁等は皆文義を以て世に冠たる人士であるが、ともに会稽に室を築き、王羲之と好みを同じくしていた。嘗て同好の士と、会稽は山陰（浙江省紹興）の蘭亭に集まり宴会をした。

（『晋書』王羲之伝）

王羲之をはじめ会稽の山中に住む貴族は、生活の場所は古来の「隠者」と同じ山中自然の中であるが、古来の「隠者」が「義」を立てて出仕せずに逃れ棲んだのとは異なり、特別に「義」を立てているわけでもないし、出仕拒否もしていない。名義だけ在職している者や、まともに政務を見ない者も多く、いまは無職の者でもお召しがあれば孫綽のように出仕するのに抵抗はない。中央の政治情勢を観察しながら、山水自然の美しさに耽溺し自由気ままを謳歌しているのであり、「放達」が酒に溺れて自由気ままを謳歌した酒と山水自然の美しさと、耽溺する対象が変ったのである。山中自然の美しさを堪能する「王羲之と好みを同じくする」名士（「狂士」）たちが集まった蘭亭の宴会とは、永和九年（三五三）の暮春、禊事（みそぎの祭事）を修めるために開かれた会で、孫統、孫綽、許詢らはもちろん諸名士がことごとく老い若きも総勢四十名近く集まった。こういった宴集の際には参加者が詩を作る習慣があり、一觴一詠、幽情を暢叙したという。その時に王羲之が書いた序文が有名な「蘭亭集の序」であり、そこに次のように記されている。

この地には高い山や険しい峰、繁った森や長く伸びた竹の林があり、また清流や早瀬もあり、両岸を映して流れている。この水を引いて「流觴《りゅうしょう》曲水の宴」に觴（盃）を流す曲がった小川を作り、そのかたわらに参加者は順次に並び座った。……管弦楽団の音楽のにぎわいは無いけれども、お酒を一杯飲むごとに詩を一首作ることは、心の奥の思いをのびのびと意を尽くして述べるに充分であろう。

（『晋書』王羲之伝）

この時に作られた「蘭亭詩」と題された作品が三七首『先秦漢魏晋南北朝詩』に収載されている。その中の一首、曹茂之の五言四句から成る「蘭亭詩」を見てみよう。

時来誰不懐　時来《きた》れば誰か懐わざる
寄散山林間　山林の間に寄せ散ぜんと
尚想方外賓　尚お想う方外の賓
迢迢有余閑　迢迢として余閑有るを

春になれば皆思う、山林の中に身を寄せ気散じをしようと。それでも尚お方外の賓を羨ましく想う、かれらは世俗から遙か遠くあり余る閑《ひま》があるので。

「方外の賓」は、世俗の外の人である沙門（高僧）を尊敬した呼び方。この詩では、「方外の賓」（沙門、高僧）への憧れが詠われており、仏教の沙門（高僧）が『荘子』大宗師にある「方外の士」の概念に含まれるようになっていることが注目される。仏教は後漢のころ中国に伝来し、西晋の都・洛陽がすでに仏教伝播の中心地であったが、東晋になって教養ある沙門が江南に渡って以降に広く受容、信仰されるようになった。その背景には外来の仏教が教えを広めるために、初期のころ、特に東晋のころ、仏教の教義や用語を中国の伝統的な思想である儒教や当時流行していた老荘思想の理論的な枠組みや用語を適用して解釈しようとしたことがある。これを「格義仏教」というが、貴族達がよく知っている『老子』や『荘子』などの書物の仏教に共通すると思われる部分の概念を基軸に解釈した。「方外の賓」はその一例で、沙門（高僧）は世俗の外の存在であるということを、貴族たちは先に阮籍のところで見た『荘子』大宗師にある「方外の士」の概念を借りて理解したのである。沙門（高僧）の竺法深が宮中で「方外の士」と称された例がある。

竺法潜、字は法深……十八歳で出家し、……学問に励み深遠な言葉で教化し、名声は西晋王朝に広まり、……永嘉の乱を避けて江南に渡ると、東晋の元帝、明帝、丞相の王導、大尉の庾亮たちは、みな竺法深の風采人徳を愛で、友人として敬した。あるとき竺法深が下駄をはいたまま宮殿に来たところ、当時の人は口々に「方外の士」といった、徳がとても高かったからである……。

（『高僧伝』竺法潜伝）

東晋初期の天子や王導、庾亮らお歴々が、竺法深の下駄ばき参内という、礼教の教えから見れば、礼節を欠いた無作法な行為を見て、口ぐちに「方外の士」といったのは、竺法深の徳が高かったからであり、これは礼教を無視する阮籍を「佯狂」とせずに敬意と憧憬の念を込めて世俗の外の人、「方外の士」としたのと同じ発想によるものである。なお当初はこの程度の理解で受容されたが、根本的に出家仏教は政治を超えたものであるということが、天子を最高権力者として仰ぐ中国では、やがて沙門の天子に対する「礼教問題」に発展し、東晋も末ころに慧遠が「沙門不敬王者論」を表し、桓玄は腐敗した仏教界を批判して、僧尼の沙汰令を出し、沙門も天子に敬礼すべきと主張するようになる。しかし東晋のかなりの期間、沙門（高僧）は世俗を超越した存在つまり阮籍のイメージに重なる「方外の士」として貴顕に歓迎されたのである。この仏法と王法については、礪波護氏が中国の仏教の受容史を要領よく整理したとする塚本善隆氏の論文を引用して次のように述べている。

「江南の慧遠があくまでも「方外の士」として国王への礼を拒否したのは、仏教僧の正当な態度と仏教界から認められたが、これは東晋では王権が強化されていず、方外の生活態度が尚ばれていた社会であったから、可能だったのであって、北シナの強大な胡族専制君主権の下では、法果の態度が仏教存続弘布のためには避けがたいものであった……」。

（『隋唐の仏教と国家』Ⅲ　一、礼教問題の研究小史、中央公論社出版　一九九九年）

法果の態度とは、北魏の太祖を明叡で道を好む当今の如来だ、沙門は（太祖に）礼を尽くすべし、とする態度をいう。竺法深の素性については、「その俗姓は分からないが、高貴な人のご落胤であろう」（『世説新語』徳行篇の注）とする説もあるが、いずれにしても門地が重要視されていた時代にあって、学問教養のある沙門が玄学清談（老荘思想や易経、仏教に基づく世俗を離れた哲学談義）を好む貴族と交際し、それとともに「格義仏教」は盛行し、沙門は「方外の士」としてより尊重され、沙門と交際することが「方外の交わり」と称され、東晋貴族や諸名士の憧れになっていたのである。東晋の仏教について鎌田茂雄氏は次のように言っている。

東晋時代の仏教のもっとも大きな特徴の一つは、当時の貴族社会の諸名士が沙門と密接に交遊したことであった。元の覚岸が『釈氏稽古略』巻二のなかで、東晋の名僧支遁について記述し、「一時の名士、殷浩、郗超、孫綽、桓彦表、王敬仁、何充、王坦之、袁彦伯と並に与に方外の交りを結ぶ。」と言っているのは、東晋仏教の特徴をよくあらわしている。この一文は支遁が郗超、何充などの諸名士と交遊した状況を簡潔に表現したものである。しかも「方外の交り」を結んだのであるから超俗の交際をしたことになる。……また東晋においては王室を中心とする貴族の一群が仏教を理解していた。
（『中国仏教史』第二巻　二〇〇二年　東京大学出版会出版　受容期の仏教　第一章、第一節東晋諸帝と仏教）

沙門と名士の交流については、会稽の名士であった孫綽と沙門の支遁の関係が一つの典型を示している。

沙門の支遁が孫綽に質問した「君は許詢と比べてどうかね」、孫綽は答えていった「許詢の高い境地、遠大な思いには、弟子（私）は早くから敬服しておりますが、一吟一詠となれば、許詢は（私に）臣下の礼をとるでしょう」。

（『晋書』孫綽伝、『世説新語』品藻篇にも収載）

孫綽は、儒仏の一致を説いたとされる「喩道論《ゆどうろん》」も書いているが、支遁に対して「弟子」と自称し、支遁を先生として尊敬している。ここから、沙門と名士の交流は基本的には師弟関係であったと見て取れる。支遁は竺法深とならぶ東晋仏教界の代表的人物。若いころは老荘思想を学び、『荘子』「逍遙遊篇」の注釈を付けるほどであったが、後に、仏教に心ひかれ、会稽の余坑山に隠棲して『道行般若経《どうぎようはんにやきよう》』などの仏教教理を研究し、二十五歳で出家した。やがて都・建康に出て名流貴族と交際し、彼らの玄学清談の講筵にも参加して弁舌爽やかに学識を披歴し、貴族たちを論破し、また機知にとんだ会話で人気者であった。支遁は都にしばらく居ると会稽に帰り、また上京した。支遁が会稽に帰る時、「征虜亭」で見送りした貴族たちが、支遁のそばに坐りたくて、席の取り合いをしたという逸話（『世説新語』雅量篇）もある。竺法深や支遁といった沙門（高僧）が尊敬されたのは、そもそも沙門（高僧）は酒を飲まないし、世俗の名利に惑わされることなく、仏教の教理を深く研究していて教義を解釈敷衍でき、戒律を守り清らかな所に居住し、厳しい修行や自己鍛錬を続ける生活態度などが高く評価されたからである。西晋のころ老荘思想に強く影響された貴族たちが、酒を飲み放題、自由気ままに過ごしすぎた反省からも、沙門（高僧）の暮らしぶりが新鮮に映ったのである。支遁に認められなかった王坦之が書いた論文「沙門は高士たりえず」は、沙門（高僧）と高士（老荘思想が理想とする人）を対比して、高士の優越性を論じたものだが、沙門（高僧）についての次のように述べている。

論文の概略に言う、「高士は必ず心を縦《ほしいまま》にして（自由にして）のびやかで自分自身に適っている。沙門は（高士と同様）世俗の外の人というけれども、（高士とは）反対に更にいっそう教えに拘束されており、性情（天から授けられた本性《ほんせい》とそこから生じる情動）が自得《じとく》しているとはいえない」。

（『世説新語』軽詆篇）

自得は、ここは無為自然の道に適っていること。王坦之が「沙門は教えに拘束されている」というのは、沙門（高僧）を否定するために使った言葉であるが、これが実は沙門（高僧）の戒律を厳しく守る姿、生活ぶりを伝えている。また沙門は（高士と同様）世俗の外の人、という認識が定着していたことも窺える。

王坦之は、名門太原の王氏の一族で、若いころから名声が高く、桓温の長史となり、桓温の死後は謝安とともに孝武帝（在位三七二～三九六）を補佐した。放蕩な風俗を嫌い、儒教を尊重したことで知られるが、支遁とは全く馬が合わず、支遁のことを「詭弁《きべん》」（こじつけの弁論屋）といったという（『世説新語』軽詆篇）。

しかし多くの貴族は、沙門（高僧）の暮らしぶりや教理の解釈の深さや説明能力の高さを尊敬していた。例えば、東晋の成帝のころ江南に渡った康僧淵は、まだ無名で、乞食行《こつじきぎょう》で清廉質素な生活をしていた。

ある時、殷浩を訪ねると大勢の客人が居合わせ、そこで玄学清談をすると、康僧淵の弁舌の素晴らしさに殷浩らが感服し、康僧淵は有名になったという（『世説新語』文学篇）。その後、康僧淵は予章（江西省）の山中に寺を建てたのだが、そこでの様子は次のようであった。

山並みに添って川が流れ、芳しい花咲く木々が寺の庭先に植えられ、清流が建物に打ち寄せていた。ここに閑居して仏教の教理を講究し、深遠な理法を希求した。庾亮たち大勢が会いに行き、康僧淵が道家の修行法の特性を活用して、風流さをいよいよ磨き、ここの生活を楽しみ、かつ自得《じとく》さえしているのを観て、康僧淵の名声は急速に高まった。多くの貴族たちが次から次へと訪ねて来るようになったので、堪え切れずに逃げ出した。

（『世説新語』文学篇）

康僧淵の山中の寺の様子から浮かび上がる、俗世から遙かに遠い山水自然の美しい清らかな寺院で過ごす沙門（高僧）の「余閑有る」生活ぶりは、「方外」の境地への羨望はもちろんだが、名士が憧憬する暮らし方であった。まさに曹茂之の「蘭亭詩」にいう「尚お想う方外の賓、迢迢として余閑有るを」である。同じ時に作られた庾蘊の「蘭亭詩」にも、「方外の賓」である沙門（高僧）に対する「世上の賓」（俗世の者）の羨望が詠われている。

仰想虚舟説　仰ぎて想う虚舟の説
俯歎世上賓　俯して歎ず世上の賓

…………

仰いでは無為の世界に漂う舟を羨ましく想い、俯しては世上の賓であることを歎く……

虚舟は、『荘子』列禦寇篇、山木篇等に典故のある語で、繋がれず水上に漂う舟、或は物を載せていないカラッポの舟。心にわだかまりがなく恬淡とした様子を例えるもので、ここは世俗の外の沙門（高僧）やその暮らしを象徴していった。曹茂之ら「世上の賓」（俗世の者）は、勤務態度はともかく世俗の柵に拘束され、役所の仕事があるのである。当時、貴族たちに人気のあった支遁が、支遁の崇拝者である王濛、劉惔らと仕事人間の何充を訪問した時の逸話がそれを伝えている。

王濛と劉惔が支遁と共に何充を訪問した。何充は役所の書類を見ていて、彼らの相手をしなかった。王濛が何充にいった「我々が今日、わざわざ支遁様と一緒に君を訪ねてきたのは、君が日常業務を打ち捨てて哲学談義で応対するはず、と期待していたからだ、なのにどうして、いま下を向いたままそんな書類を見ねばならないのだ」、何充がいった「私がこれを見なかったら、君らはどうやって生活できるのだ」、人々は何充の発言を立派だ、称賛に値するとした。

（『世説新語』政事篇）

この逸話は「方外の交わり」とは、職責や日常業務なぞは打ち捨てて哲学談義に耽ることだと認識されていたこと、また沙門（高僧）が方外の賓として「余閑有る」暮らしができるのは、政務にはげむ貴族のおかげであるという見方が支持されていたことを伝えている。貴族が沙門（高僧）のパトロンであったことは、次の逸話からも推察される。

初め、竺法太が北から来たばかりで、名を知られていなかったころ、王洽（王導の第三子）は衣食を提供して竺法太を扶養した。いつも一緒に出かけて、名士を訪ねるにも一緒で、もし竺法太を同行できなければ車を停めて行かなかった。それで、竺法太の名が重んじられるようになった。

（『世説新語』賞誉篇）

また次のような逸話もある。

郗超（桓温の参謀）は、釈道安の極めている道が高く、学問が深いという名声を敬い尊んで、米千斛《こく》を贈り、何枚もの紙に書簡をしたため、気持ちを懇ろに伝えた。釈道安の返書には「お米を賜り、ますます肉体を持つ身の煩わしさを覚えました」とあるだけだった。

（『世説新語』雅量篇）

沙門（高僧）の中で最も人気の高かった支遁には次の逸話がある。

支遁が人を介して竺法深から岬山《こう》を買おうとした。竺法深は答えた「巣父や許由が山を買って隠棲したとは聞いたことがないですな」。

（『世説新語』排調篇）

巣父と許由は堯《ぎょう》の禅譲の申し出を穢れると断り、箕山に隠れた古代の隠者。この逸話から支遁は、山を買えるほどのお金を貴族から喜捨されていたと窺えるし、支遁を皮肉った竺法深は山を喜捨されていたと分かる。しかし沙門（高僧）たちは貴族から金銭や物資の援助は受けていたが、それらには価値を置かずに、山水自然の中に自由でしかも知的好奇心を充足させる生活形態、清らかで美しい「方外の世界」を構築して見せたのである。これは、老荘思想にいう無為自然とは似て非なる「方外の世界」である。例えば『荘子』大宗師にある「方外の士」は、自然の中の禽獣に近い暮らしぶりであり、彼らの生活の中には、少なくとも当時の貴族の美意識にかなう生活環境は示されていない。また古代の隠者が海辺や岩窟、辺鄙な山林で自給自足の貧しい生活をして「義」を貫く「堅苦しい」暮らしぶりであったのとも異なる。この違いについては、王羲之が永和十一年（三五五）に会稽内史を辞職し、会稽の逸民として暮らす際に、その心境をつづり謝万宛に送った手紙に、次のように書いている。

古代の、俗世に別れを告げた者は、「被髪佯狂」したり、その身や身なりを汚し、行動や生活様式を穢したりしました。これは（実行するのは）とても難しいことです。今、私は何の苦労もなく俗世から離れることができ、日ごろ抱いていた（隠棲の）志を遂げました。この幸せ喜びは天からの贈り物です。近頃、東方を視察しましたら、桑の木が立派に育っていました。……謝安（謝万の兄）と東方の山や海辺をまわり、荘園を巡視し、土地の利点を活用すべきとおもいました。養生のための暇があり、衣食は事足り、親類や知人と時には一緒に楽しい宴会をしようと思っています。……皆に田舎の暮らしや農作業の話をすれば、手を打って喜ぶネタにはなるでしょう。この満ち足りた愉快な気持ちは、とても言葉では言い表せません。

王羲之は貴族であるから、自分で農作業をするわけではない。いわゆる荘園からの上りを糧に「衣食が事足りる」生活を確保し、政務から解放された自由な時間を得て、つまり「余閑有る」暮らしを手に入れて、養生（老荘思想の修行の一つ）に専念して、隠棲を楽しもうというのである。この手紙に述べられた王羲之の暮らしぶりは、会稽の名士があこがれた沙門（高僧）たちの「迢迢として余閑有る」暮らしにかなり近似した生活環境といえよう。この手紙を宛てた謝万は「任達」で知られ、宰相の司馬昱（後の簡文帝）に召し出された時に、白い綸巾をかぶり、鶴氅裘（鶴の羽でつくったかわごろも）を着て下駄ばきで参内したという（『晋書』謝万伝）。当時、在職したまま「方外の世界」を実践した名士もいる。例えば羅含と謝尚は、名士同士で「方外の交わり」を真似ていたが、羅含の暮らしぶりは次のようであった。

（羅含が）後に郡の功曹となると……太守の謝尚は羅含と「方外の好《よし》み」をなし、賞賛していった「羅含こそ湘中（今の湖南省）の琳琅（美玉）というべきだ」と。……羅含は役所の人々との交際を煩わしいとして、城西の池の小洲の上に茅屋を建てた。立ち木を切って建材とし、葦を織って敷物として居し、布衣蔬食の暮らしに安んじ落ち着いていた。

（『晋書』羅含伝）

羅含の住居は、先に見た周顗の「蕭条方外」や謝鯤の「一丘一壑」を当世風に実現したものと思われるが、羅含の生活態度や振る舞いには、阮籍の痴（愚か者）といわれた「方外の士」（佯狂）ぶりの面影も、「八達」らの「放達」ぶりも無い。出家こそしないものの、沙門の影響を受けて洗練されてきた姿といえよう。羅含は生卒が不明だが、桓温に可愛がられたという。謝尚は、謝鯤の子。謝尚が自宅を喜捨して荘厳寺という寺にした、ということからも、彼らの「方外」は沙門（高僧）が構築して見せた「方外の世界」を意識するものであったと分かる。

（謝尚は）永和四年（三四八）、自宅を喜捨して寺を造《つく》り、荘厳寺と名づけた。宋の大明中、路大后は宣陽門外に、荘厳寺を造り、此を改めて謝鎮西寺とした。

（『太平御覧』巻六五八釋部六）

謝尚は、没後に鎮西将軍を贈られているので、謝尚を謝鎮西と称す。在職したままの東晋貴族は、出仕を大前提とする引き換えに、「世を避け」「身を全うする」ための「狂」（佯狂）の表現様式を全て、愚かを意味する「狂」の観念に取り込まれてしまった。それで山水自然の中に沙門（高僧）たちが構築して見せた「滔滔として余閑有る」暮らしや老荘玄学的仏教談義に耽る生活を「方外」、世俗の外と聖域視し、そこに「狂士」として遊ぶ生き方を「狂」（佯狂）の新しい表現様式とするようになったのである。やがて東晋から宋朝へと政権が交代するのだがこの「乱世」に、「狂士」やかれらの「方外の世界」はどのようになったのか、次にみる。

（二）東晋末から宋初――陶淵明の「狂」と方外

東晋から宋朝へ政権交代の兆しは、三八三年の「肥水の戦い」にすでにみられる。都・建康近くまで攻めてきた前秦の苻堅の軍勢を、謝玄（謝安の弟）の率いる北府の軍団の、特に劉牢之の軍隊が大活躍して退け、謝安一族の権勢は増した。しかし朝廷では謝安一族を政権から遠ざけるようになり、発育不全と伝えられる安帝（三九六～四一八在位）が即位して司馬道子（孝武帝の弟）が権力を握ると、朝廷内は紊乱の様相が強まった。謝玄の後に北府の長官となった王恭や、桓温の後に西府の長官となった桓玄は朝廷に対抗し始め、北府の王恭は軍団の力を背景に朝廷に迫り王国宝らを処罰させた。しかし再び北府の王恭が朝廷に改革を迫った時には、部下の劉牢之が司馬元顕（司馬道子の息子）の側に寝返り、王恭は殺され北府は朝廷の支配下にはいった。三九九年に「孫恩の乱」（道教信者を中心とする農民宗教集団の反乱）が起こると、朝廷は北府の劉牢之に鎮圧を命じ、劉牢之の部下の軍人劉裕が大活躍して討伐した。西府の桓玄はいわば様子見を決め込んで進軍しなかったので、司馬元顕は劉牢之に桓玄討伐を命じた。劉牢之は、今回は司馬元顕を裏切り桓玄の側に寝返った。桓玄は勝利し、司馬元顕を斬って朝廷の権力を握ったがその後、北府の有力者を次々と殺し、劉牢之を自殺に追い込み（四〇二年）、北府の軍団を西府の軍団に組み入れて、安帝からの禅譲を受けて帝位につき、楚王朝を名乗った（四〇三年十二月）。しかし三ヶ月後には劉裕が旧北府の軍団の生き残りを集めて軍事蜂起し、政権を奪い返し、安帝を帝位に戻して東晋王朝を復活させ（四〇五年）、朝廷の実権を掌握して、やがて恭帝（四一九〜四二〇在位）から禅譲されて帝位につき宋王朝を建てた。この貴族政権から軍人政権へと移る「乱世」に貴族や詩人たちの明暗も大きく分かれた。例えば名流貴族となっていた謝氏の一族を見ると、見事に生き抜いたのは謝安の孫の謝澹で、劉裕に「方外の士」として遇され、天寿を全うした。本伝に次のようにある。

謝澹は東晋末には尚書の地位にいた。性格は任達、国政を経営せず、范泰と雲霞の交わり（山水に凝る仲間の付き合い）を結んでいた。宋の武帝（劉裕）の宴会では、大酒を飲み大言壮語し屈託なくのびのびとふるまった。抑えようとする者もいたが、劉裕は「方外の士」として遇した。劉裕が帝位につくときには、「人望のある者」ということで選ばれ玉璽を進める大役を果たし、元嘉中（宋の年号、四二四〜四五二）に特進して金紫光禄大夫になり、亡くなった。東晋の末ころに、従弟の謝混が劉裕と覇権争いをしている劉毅に近づくのを心配し、謝混と疎遠になり、弟の璞や従子《おい》の瞻に「謝混のこのような性格は、いずれ家門を破滅させるにちがいない」と言っていた。この発言によって謝混が誅滅された時、朝廷は禍を及ぼさなかった。

（『南史』謝澹伝）

謝澹は、出仕拒否をせずに尚書（上奏文や詔勅を管理する役所の長官）という重要な役職に就いていても、国政を経営せず、雲霞の交りを結んで山水自然に耽溺するという「狂士」の処世態度を保ち、劉裕の宴会では阮籍の「佯狂」ぶりの再現ともいえる振る舞いをして「世を避けた」。同時に劉裕と覇権争いをする劉毅に加担する同族の謝混とは疎遠になるような用心もしている。軍人上りの劉裕からみれば、こういった「佯狂」ぶりを発揮する東晋の名門貴族謝澹を「方外の士」として許容することは、自分の度量の大きさを示せるし、暗君ではないことの証明にもなり、新政権のお飾りに据えておくのに極めて好都合だったのである。謝澹の従子《おい》の瞻は、謝澹の意を汲んで劉裕の下に出仕しつつも、政治的に消極的態度をとり保身に成功した。謝瞻の弟の晦は、瞻の諫めも聞かずに劉裕の部下として積極的に宋王朝創建に貢献し大出世したが、瞻の死後窮地に追い込まれ官軍に大敗して極刑に処せられ、一家は皆連坐して誅され滅門した。

瞻や晦と同世代で、山水詩人として宋朝のみならず六朝を代表する有名な謝霊運（三八五〜四三三）は、祖父謝玄の跡を継いで康楽公に封ぜられたが、宋朝になると公爵（康楽公）から侯爵（県侯）に降格され、食邑も五百戸に減じられ、しかも文学の臣として遇されるだけで政治の中枢には参画できなかった。宋朝は基本的には軍事政権の王朝なので、東晋の貴族を牽制するのは歴史の必然でもあるのだが、謝霊運は政治に参加できない不満を抱きつつ中途半端な態度で仕官し、職務を顧みずに山沢の遊びをほしいままにし、先祖伝来の巨額の資産に任せて豪勢な山水造営までしたが、やがてこの「遊放」が謀反の準備だと中傷され「反逆」罪で刑死した。四十九歳であった（『宋書』謝霊運伝）。

同じく宋朝を代表する詩人に、「顔・謝」と謝霊運と併称された顔延之（三八四〜四五六）がいる。顔延之は寒門出身であるが、仕官と辞職を繰り返しつつ、七十三歳の天寿を全うした。顔延之の辞職は、世間から指弾された激しい気性と過度の飲酒による愚行が原因だが、こういった処世は、阮籍をお手本にした「狂」（「佯狂」、愚か者と見られる勝手気ままな振る舞い）の自作自演ではないかと思われる。顔延之が「狂」と見られていたことを伝える記事がある。

……宋の文帝（四二四〜四五三在位）が顔延之を召そうと頻りに詔を伝えたが現れなかった。顔延之はいつもの通り居酒屋で裸になって弔歌を歌い続けて、他日酔が醒めてようやく謁見した。帝が顔延之の息子たちの才能をたずねた時に、顔延之は「竣は私めの能筆を、測は文学を、奐《ちやく》は義を、躍は酒を受け継ぎました」と答えた。何尚之が嘲って「誰が君の狂を受け継いだのかね」と言うと、「この狂は継ぐことは出来ません」と答えた。……閑居無事、庭誥を作り子弟を訓戒した。

顔延之の「狂」と思われる処世のお手本に関して、注目される記述が陶淵明の本伝にある。

（『南史』顔延之伝）

顔延之は江州刺史劉柳の後軍功曹の時に、尋陽で陶淵明と交際し、また始安郡（広西壮族自治区桂林）に左遷されるときには、わざわざ尋陽を通り陶淵明を訪ねて酒を酌み交わした。（『宋書』陶潜伝）

この記事は『南史』、『宋書』ともに顔延之伝に記載が無く、『宋書』の著者沈約が顔延之の名声の高さを陶淵明の権威づけのために挿入したと思われるが、顔延之は陶淵明の死後に、「陶徴士の誄《るい》」（誄は死者を祭る文）を書いて哀悼の意を表し、その生き方を次のように追慕している。

……今の世の隠者もそれなりの隠逸の事由を考えているが、初めから世俗の塵に染まっていて、途中で隠逸をやめて別の路を歩む者も多い、このようなのは古代からの隠者の伝統を輝かし、その余波に浮かぶにふさわしいだろうか。

晋の徴士（無位無官の人）、尋陽の陶淵明は南嶽（廬山）の隠者である。……俗世の常識に従うと（世間の隠者と）同じだとされ、時流に逆らうと異（異端者、変わり者）とされる。ここで一つの信念を持っていれば、どちらの場合でも人に知られずに放置されることはない。ならば陶淵明のように心の思うままにして俗世を去る（出仕しない）のが一番よい。陶淵明は富貴栄達を嫌い古《いにし》えを好み、身分地位を軽んじて志を重んじた。（このような異端者、出仕しない陶淵明に）世の権力者は心を虚しくして礼をつくし、州や郡も彼の風格を推戴した。……人の度量は均一にし難いが、人はそれぞれ自分の出処進退は自分で仕切れるはず。……陶淵明は「帰去来の辞」を書いて帰郷し、世俗から遠く離れて、独り我が道を守った。世俗を超越したからには、心に適わないことはなかった。……陶淵明は死を見ること帰するが如く、……薬も飲まず祈禱も求めず、別れを告げて冥土に向かい、心穏やかに永眠した、ああ哀しいことだ。

顔延之は陶淵明を時勢に逆らう異端者、俗世間の人及び一般の隠者とは一線を画する特異な存在と見て、その考え方や異端ぶり（「狂」ぶり）を貫きながらも天寿を全うした処世に共感しているのである。尋陽で陶淵明と知り合い交際した時に顔延之は三十二歳、陶淵明よりも十九歳年下であるから、風変わりな隠者ぶりを発揮していた陶淵明に刺激され人生の大先輩と仰ぎみていたことは、四十一歳で始安太守（広西省桂林）に左遷される途中、わざわざ立ち寄ったことからも推察される。顔延之の「狂」と目されつつも天寿を全うした処世には、遠くは阮籍の、身近なところでは陶淵明の異端（「狂」ぶり）の影響があると十分に考えられる。そこで次に陶淵明の処世についてみる。

陶淵明（三六五〜四二七）は、東晋初期に長江中流域に土着勢力を張って活躍した大司馬陶侃の曾孫だが、陶淵明のころにはかなり没落して三流貴族であった。三十五歳のころ劉牢之に仕え、三十七歳のころは桓玄の幕下にあったが、母の喪に服している間（三十七歳から四十歳）に、劉牢之、桓玄ともに亡くなってしまった。四十一歳の時に最後の官職である彭沢県の県令を辞職して田園生活に入り、そこでの暮らしぶりを後世、田園詩、隠逸詩の開祖と称賛される作品に描き、天寿を全うした。隠棲した経緯は『宋書』陶淵明伝によれば、次のような次第であった。

陶潜、字は淵明……彭沢県の県令となったが、郡から督郵（監察官）を派遣して来た時に、県の下役人が衣冠束帯の礼装でお出迎えしろと告げた。陶淵明は嘆息して「五斗米（県令の安月給）のために郷里の小人に腰を曲げてぺこぺこできようか」といい、その日のうちに辞職して帰郷し、「帰去来の辞」を書いた。義熙の末（五十四歳ころ）に、著作佐郎に召されたが就かなかった。……陶淵明は若いころは、低い官職に就いたり辞めたりしていたが、曾祖父陶侃が東晋の宰輔（天子を補佐する最高位の官）であったことから、次の王朝に仕えることを恥とし、宋の高祖（劉裕）が天下を統一し、王朝を建て隆盛に向かうころ、二度と出仕しようとはしなかった。元嘉四年（四二七）に亡くなった、時に六十三歳であった。

著作佐郎は、隠逸で高名な者に授けられる職で就かないのが通例、朝廷公認の隠者となったことを意味する。陶淵明が隠棲した理由については様々に研究されているが、着目すべき理由の一つが、有名な「帰去来の辞」の詩句から窺える。この作品は陶淵明が最後の官職である彭沢県の県令を辞職して田園の隠逸生活に入った次第、喜びを詠う内容だが、その冒頭の部分で俗世間を捨てる理由として、楚狂接輿が孔子のそばを通りすぎながら歌った

鳳よ鳳よ何ぞ徳の衰えたる、往《い》く者は諫《いさ》むべからず、来たる者は猶《な》お追うべし、已《や》みなん已《や》みなん、今の政《せい》に従う者は殆《あや》うし。（『論語』微子篇）

の意味を悟ったからだ、と次のように述べている。

帰去来兮　　帰りなんいざ
田園将蕪　　田園将《まさ》に蕪《あ》れんとす
胡不帰　　胡《なん》ぞ帰らざる
既自以心為形役　　既に自《みずか》ら心を以て形の役《えき》と為《な》す
奚惆悵而独悲　　奚《なん》ぞ惆悵として独り悲しまん

悟已往之不諫　已往の諫められざるを悟り
知来者之可追　来者の追うべきを知る
実迷途其未遠　実に途に迷うこと其れ未だ遠からず
覚今是而昨非　今の是《ぜ》にして昨《さく》の非《ひ》なるを覚《さと》る
（「帰去来の辞」）

さあ帰ろう、我が田園は荒れてしまいそうなのにどうして帰らないでいられよう、自分で心を体の為に苦役させたのだ（生活のために本心を犠牲にして仕官していた）、それをくよくよ独りで悲しんでもしようがない。楚狂接輿が歌っているではないか「過去のことは改められないが、未来は追い求めることができる（やめなさい、やめなさい、今の世の政治に関与することは危ない）」と、その意味を悟ったのだ。ほんとうにこれまでは人生の道に迷ったがまだ遠くまでは行っていない、（役人をやめた）今の自分は正しく昨日までのことは誤りだとはっきりとわかったのだ。

楚狂接輿の歌は、鳳よ、今の世は徳が衰えていて官界は危険だから役人を辞めて隠者になれ、というもの。その意味を悟ったから役人を辞めたのだと言っている。陶淵明は官界の危険、怖さを実感し悟ったと推察される。当時は、陶淵明が仕えたことのある劉牢之が桓玄により自殺に追い込まれ、桓玄も天下を取ったかに見えたが殺され、劉裕が暗君安帝を傀儡に据えて実権を握っている、という状況であり、「乱世」の事態がかなり身近な出来事であったと思われるからである。「拙」（世渡り下手）を自覚する陶淵明は

「乱世」に「その身を全う」するために、「狂」者は罪せられず、殺されずという観念を活用して、つまり楚狂接輿の生き方とその歌を標榜して「世を避け」た、それも田園を俗世の外としてそこに隠棲したのである。これは元祖「方外の士」の阮籍も憧れながら実現できなかった生き方である。阮籍の「詠懐詩」其三十四に次の句がある。

願　耕　東　皐　陽　　東皐《とうこう》の陽《みなみ》に耕さんことを願うも
誰　与　守　其　真　　誰と与《とも》にか其の真を守らん

東の岡の南側で農耕したいと願うが、誰と一緒に「真」を守ったらよいのか。

わざわざ辞職することも、田園に隠棲することも相当に奇異な行為であるが、これがまず陶淵明の「世を避ける」佯狂ぶりなのである。しかも陶淵明は自分が俗世の外とした田園での暮らしこそが本当の「方外の世界」なのだと自負していた。「帰去来の辞」と同じころの作品とされる「園田の居に帰る」詩其一の「虚室に余閑《よかん》有り」の句がその自負を表している。この句は、東晋の沙門（高僧）たちが構築した「方外の世界」への憧憬を詠じた「尚お想う方外の賓、迢迢として余閑有り」（曹茂之「蘭亭詩」）を意識したものだが、東晋の貴族が憧れ希求した「方外の世界」よりもさらに高い境地の「余閑《よかん》有る」「方外の世界」なのだ、とアピールしているのである。「園田の居に帰る」詩其一の作品全体は次のようなものである。

少無適俗韻
性本愛丘山
誤落塵網中
一去十三年
羈鳥恋旧林
池魚思故淵
開荒南野際
守拙帰園田
方宅十余畝
草屋八九間
楡柳蔭後簷
桃李羅堂前
曖曖遠人村
依依墟里煙
狗吠深巷中
鶏鳴桑樹巓

少《わか》きより俗に適する韻《いん》無く
性本《も》と丘山《きゅうざん》を愛す
誤って塵網の中《うち》に落ち
一去十三年
羈鳥は旧林を恋い
池魚は故淵を思う
荒を南野の際に開かんと
拙を守って園田に帰る
方宅　十余畝《ほ》
草屋　八九間《けん》
楡柳　後簷を蔭い
桃李　堂前に羅《つら》なる
曖曖たり遠人の村
依依たり墟里の煙
狗《いぬ》は吠ゆ深巷の中
鶏は鳴く桑樹の　巓《いただき》

戸 庭 無 塵 雑　　戸庭に塵雑無く
虚 室 有 余 閑　　虚室に余閑《よかん》有り
久 在 樊 籠 裏　　久しく樊籠の裏に在りしも
復 得 返 自 然　　復た自然に返るを得たり

若いころから俗世間と調子があわず、生まれつきの本性は丘や山といった自然が好きだった。まちがって役人生活に入り、あっというまに十三年たってしまった。籠の鳥は古巣の林を恋しがり、池の魚はもとの淵をなつかしむもの。自分も故郷の南の野原で荒地を開墾しようと、世渡り下手の分を守って園田に帰った。四角な宅地は十畝ほどの広さ、草ぶきの家の部屋数は八つか九。楡《にれ》や柳の木が後ろの軒端に影をおとし、桃や李は表座敷の前に並べて植えてある。ぼんやり霞んで村里が見え、なつかしげな里の（炊飯の）煙が立ち上っている。狗《いぬ》は路地の奥で吠え、鶏は桑の木の上で鳴いている。庭先には俗世間の塵にまみれたもの一つなく、がらんとした部屋には余閑が有る。長い間鳥籠（役人生活）に閉じ込められていたが、やっと田園の自然の中に帰ることができた。

「虚室に余閑有り」の虚室は、『荘子』人間世の「虚室は白を生ず」（からっぽの部屋は日光がさして明るくなる、心をからにすれば真実が見える）を踏まえる。戸庭は、内庭。「戸庭を出でず、咎《とが》無し」（『易経』節初九）とある。自然は、ここは田園の自然の中。東晋の「方外の世界」が美しい山水自然の中であったことに対する。狗《いぬ》と鶏の句は、単なる農村の実景描写ではなくて、平和な理想郷をいう。老子の理想社会をいう「隣国相望み、鶏犬の声相聞こえ、民老死に至るまで相往来せず」（『老子』小国寡民）を踏まえる。自分が実践する田園での暮らしこそが本当の高い境地の理想郷「方外の世界」なのだ、という陶淵明の自負、アピールは、東晋の貴族が憧れた「方外」への対抗意識が感じられるが、「桃花源記並詩」の詩ではそれがより明確に詠われている。この詩は、陶淵明が理想社会とした桃花源の村を描いた五言古詩（三十二句）で六段落からなる。最後の段落で「方（内）に遊ぶ士」に次のようにいっている。五段落目から見てみよう。

奇蹤隠五百　　奇蹤《きしょう》隠れしより五百
一朝敞神界　　一朝《いっちょう》神界敞《ひら》く
淳薄既異源　　淳薄《じゅんぱく》既に源を異なし
旋復還幽蔽」　　旋《たちま》ち復《ま》た幽蔽《ゆうへい》に還《かえ》る
借問遊方士　　借問す 方に遊ぶ士
焉測塵囂外　　焉《いずく》んぞ塵囂《じんごう》の外を測《はか》らん

願　言　躡　軽　風　　願わくは言《ここ》に軽風を躡《ふみ》み
高　挙　尋　吾　契　　高挙して吾が契《けい》を尋ねん

素晴らしい村（桃源郷）がかき消されて五百年、ある日突然この神秘の世界が開かれた、しかし古代の村人の淳朴さと近世の軽薄さはまったく根源が異なるので、たちまちまた奥深く隠された世界に戻ってしまった。
方内に遊ぶ皆さまにおたずねしますが、騒がしい俗世の外の世界を推測できますか（出来ないでしょう）、私は軽やかな風に乗って、高く挙がり私の理想とする俗世の外の世界（方外の世界）を尋ねたく思っています。

方に遊ぶ士は、『荘子』大宗師に典故をもつ言葉で、ここは「方内の士」、俗人の意味。出仕したまま「方外の士」を気取る貴族たちや「方外の賓」と称された沙門を指す。高挙は、『楚辞』卜居の「寧ろ超然として高く挙がり、以て真を保たんか」を踏まえる。吾が契《けい》は、私と意気投合する、心に適う世界。「方（内）に遊ぶ士」を対象にした主張なので、彼らのいう「方外の世界」ではなくて、陶淵明の心に適う「方外の世界」ということになる。陶淵明が理想社会とした桃花源の村は永遠に閉ざされてしまったが、陶淵明は田園に隠棲することで、「吾が契《けい》」に適う理想郷「方外の世界」を実現する、というのである。それがどのようなものであるか、「園田の居に帰る」其一でその概略が詠われていたが、其三の詩では、陶淵明が田園に隠棲して晴耕雨読した晴耕、農作業の様子を漢代の楊惲に仮託して詠じている。

種豆南山下　　豆を種《う》う南山の下
草盛豆苗稀　　草盛んにして豆苗《とうびょう》稀なり
晨興理荒穢　　晨《あさ》に興《お》きて荒穢《こうあい》を理《お》さめ
帯月荷鋤帰　　月を帯びて鋤《すき》を荷《に》ないて帰る
道狭草木長　　道狭くして草木長《ちょう》じす
夕露霑我衣　　夕露《せきろ》我が衣を霑《うるお》す
衣霑不足惜　　衣の霑うは惜しむに足らず
但使願無違　　但だ願をして違《たが》うこと無からしめよ

南山のふもとに豆を植えても、雑草が盛んに生えて豆の苗は少ない。
早朝から起き出して雑草をとり、月明かりのもと鋤を荷って帰る。
畔道は狭く草木がおい茂り、夜露が私の着物をぬらす。
着物が濡れるのは惜しくはないが、私の願い（豆が実ること）は叶えてほしいものだ。

何気ない農作業の様子を詠じて美しい情景も織り込んだ作品だが、豆を植えた事を詠じる句は、当時「狂狷」とみられていた漢代の楊惲の故事を踏まえている。『漢書』楊惲伝に次のようにある。

私はこれからずっと農夫として世を終わりたいと思っています。ゆえに身みずから妻子を率いて力をあわせて田を耕し蚕を飼い園《はたけ》に灌《みずそそ》ぎ生業を治め、お上《かみ》の賦税に充てています。……田家は苦労するので四季、夏祭り冬祭りには羊を烹《に》て羔《こひつじ》を炰《や》き、斗酒を酌み慰労します。私の家は本と秦の出身で、秦の歌が歌えますし、婦《つま》は趙の出ですから瑟を弾けます。奴婢に歌えるものが数人いて、酔いが回ると天を仰いで缶《ほとぎ》を叩いて歌います。その詩《うた》は

彼の南山に田をつくるも、
蕪穢《あれて》いて治《たがや》せない、
一頃の豆を種《う》えるも、
落ちて萁《まめがら》と為ってしまう、
人生は行楽するのみ、
富貴を須《ま》つも何《いずれ》の時ぞ。

楊惲は、父は宰相、母は司馬遷の娘という名門の出身で、自身は「義」を好み、財を軽んじて廉絜無私、

出仕すると皆に公平と称賛され、「山郎」の廃止などに手柄をたてた謂わばエリートである。しかしあまりに情け容赦のない性格から高官に憎まれ庶人に落とされた。それで田舎に隠居して生業に励み、大邸宅を建て財により隠逸生活を楽しんだ。そういった暮らしをする楊惲に、友人の孫会宗が朝廷に戻りたいなら謹慎の態度を示すよう諌めたので、楊惲は手紙で反論した。引用部分はその手紙の一部である。楊惲は馬卒に罪を訴えられた時に、その手紙にお上を誹る個所があるといわれ、腰きりの刑に処せられた。こういった人生を送った楊惲を「狂狷」と総括したのは、陶淵明より少し先輩の袁宏（三二八〜三七六）で、その「詠史」其二に、次のように詠じている。

無名困螻蟻　　無名は螻蟻《けらあり》に困せられ
有名世所疑　　有名は世の疑う所となる
中庸難為体　　中庸は体を為すこと難く
狂狷不及時　　狂狷は時に及ばず
楊惲非忌貴　　楊惲は貴を忌むに非ざるも
知及有餘辞　　知は餘辞有るに及ぶ
躬耕南山下　　躬耕す南山の下
蕪穢不遑治　　蕪穢は治むに遑あらず

趙瑟奏哀音　趙の瑟は哀音を奏で
秦声歌新詩　秦声は新詩を歌う
吐音非凡唱　吐音は凡唱に非らず
負此欲何之　此を負い何《いず》くに之《ゆ》かんと欲す

無名はつまらぬ連中に陥れられ、有名は世間からいらぬ嫌疑をかけられる。中庸は体現することが難しく、狂狷は時勢に合わなかった。楊惲は貴顕を嫌い憎んだのではないが、「知」が余計な手紙を書いてしまったのだ。南山のふもとで畑仕事をしても、荒れていてなかなかよく耕せない、（慰労の祭りに）趙の瑟は哀しい音色を奏で、秦の声は新しい詩《うた》を歌う、歌う内容は平凡なものではないが、こういった人生を背負ってどこへ行こうとしていたのだろうか。

「狂狷」は、「中庸を得た人と交際できないならば、狂狷と交際したい」（『論語』子路篇）、を踏まえ、中庸の道から外れる者、異端者。楊惲をさす。「知」は、『荘子』知北遊篇にある「狂屈」に対する概念で知恵、知識。ここは楊惲が友人の孫会宗に反論の手紙を書いたことをいう。袁宏はすぐれた才能を持ちながら非凡な生き方をした楊惲を狂狷とみなし、楊惲の「知」が反論の手紙を書かせてしまい、それが命取りになった、狂狷（異端者）の人生は難しいと詠じている。陶淵明の豆を植える詩の「豆を種《う》う南山の下」の句は、楊惲の詩《うた》った「彼の南山に田をつくる……」を踏まえ、袁宏の「詠史」其二の「躬耕す南山の下」を意識したものであるが、南山は陶淵明の「飲酒」其五でも「悠然として南山を見る」と詠われており、「狂狷」と目されていた楊惲の田舎暮らしを陶淵明が田園で暮らすお手本にすることを象徴する特別な意味を含む。「月を帯びて鋤《すき》を荷《に》ないて帰る」句の「鋤《すき》を荷《に》なう」姿は、竹林の七賢の一人、酒好きで放達を縦にした劉伶がいつも御供の者に酒樽と鍤《すき》を担がせ、酒に酔った私が死んだらそこに埋めるように言いつけた、という故事から発想されたもの。これらの句は、楊惲に仮託して、陶淵明の朝廷に戻るつもりはない、富貴とは無縁の私の「方外の世界」田園で晴耕雨読するのだ、そして劉伶のように酒を縦に飲み心に適った暮らしをするのだ、という姿勢を示している。陶淵明は三流とはいえ貴族であるし、『晋書』陶潜伝には、「陶淵明は……生業を営まず、家務は悉く之を児僕に委ねる」（実際の農作業はせずに、家の仕事はすべて子供と召使に任せている）とあり、陶淵明が必ずしも実際に農作業をしたわけではないのだが、この豆を植える詩の他にも晴耕の様子を多くの作品で描いている。晴耕の詩には、楊惲の伝や詩《うた》を意識した表現が散見され、方内の士（俗人）に対して、彼らとは異なる生き方を田園で実践しているのだという「狂」ぶり、楊惲に仮託した陶淵明の「方外の世界」の特異性を強く表明して見せているのである。

陶淵明の「狂」への仮託は、晴耕雨読の雨読を詠じた「山海《せんがい》経《きょう》を読む」詩其一にも次のように示されている。

孟夏草木長　孟夏草木長《の》び
繞屋樹扶疏　屋を繞りて樹扶疏たり
衆鳥欣有託　衆鳥託する有るを欣《よろこ》び
吾亦愛我廬　吾も亦た我が廬《いおり》を愛す
既耕亦已種　既に耕し亦た已に種《う》え
時還読我書　時に還た我が書を読む
窮巷隔深轍　窮巷　深轍《しんてつ》を隔て
頗回故人車　頗る故人の車を回《めぐ》らす
……
微雨従東来　微雨東より来たり
好風与之倶　好風之《これ》と倶《ともな》う
汎覧周王伝　汎《あまね》く周王の伝を覧て
流観山海図　流《あまね》く山海の図を観る
俯仰終宇宙　俯仰して宇宙を終《お》う
不楽復何如　楽しまずして復た何如《いかん》

初夏には草や木が成長し、家の周りは新緑の木々がこんもり茂る、

小鳥たちは身を寄せる所が有るのを喜び、私もこの自分の庵を気に入っている、
畑を耕したり苗を植えたり、時には我が愛蔵の本を読む、
狭い路地は貴人の車の深い轍《わだち》とは隔たり、たまに友人の車が訪れるだけ。
……
小ぬか雨が東から降り始め、雨とともに心地よい風も吹いてくると、
周の穆王の物語を拾い読みしたり、「山海経」の挿絵に目を通して、
短時間で果てしない空間と時間を見つくす、これを楽しまないでどうしよう。

七句目の「深轍《しんてつ》を隔て」の語は、楚狂接輿が隠棲する家に、楚王の使者が金百鎰と四頭立ての馬車二輛を持参して仕官を勧めに訪れ、接輿は応じなかったが、門前には深い車輪の跡が残った（『列女伝』「楚接輿妻」）、という故事を踏まえる。最初から六句目までに述べた陶淵明が愛する廬《いおり》を楚狂接輿の家に擬えて、そこに住む陶淵明を接輿に仮託しているのである。そしてそこでの雨読を、拾い読みや流し読みだという。これは東晋のころに流行っていた老荘玄学的仏教談義に耽り、微に入り細を穿つ煩瑣な注釈に重きを置いて知的満足を求める風潮への異端を示しており、読書態度の「狂」ぶりである。陶淵明の読書態度については、自叙伝ともされる「五柳先生伝」にも、次のように記載されている。

五柳先生は……閑静にして言《げん》少なく、栄利を慕《した》わず。読書を好めども、甚だしくは解することを求めず。意に会《かい》すること有る毎《ごと》に、便《すなわ》ち欣然《きんぜん》として食を忘れる。

五柳先生は……物静かで寡黙で名誉も利益も求めず、読書は好きだが、細かい意味の穿鑿はしようとせず、心に適う文章があると、喜んで食事も忘れてしまう。

田園に隠棲し晴耕雨読の「狂」ぶりを強く発信し続けておよそ十年、自分の「方外の世界」は、方内の俗人には理解不能の「真」を悟り得た「狂」の高い境地なのだ、といっている。五十三歳ころの作とされる有名な「飲酒」詩其五に次のようにある。

結廬在人境　　廬《いおり》を結んで人境に在り
而無車馬喧　　而《しか》も車馬の喧しき無し
問君何能爾　　君に問う何ぞ能《よ》く爾《しか》るやと
心遠地自偏　　心遠ければ地自《おの》ずから偏なり
采菊東籬下　　菊を采る東籬の下
悠然見南山　　悠然として南山を見る
山気日夕佳　　山気日夕に佳く

飛鳥相与還　飛鳥相与《あいとも》に還る
此中有真意　此の中《うち》に真意《しんい》有り
欲弁已忘言　弁ぜんと欲すれば已《すで》に言《ことば》を忘る

隠逸暮しの粗末な家を人里に構えているが、車や馬の往来のやかましさはない、（俗世間の人は私に）君に聞くがなぜそんなことができるのだ（と不思議がって質問するが）、心が俗世間から遠ければ、住んでいる土地は自然と辺鄙になるのだ、（秋には）菊の花を東の籬《まがき》のもとでとり、悠然と南山を見る、すると山には夕方の霞が綺麗にたなびき、その中へ鳥が連れ立って帰ってゆく、この情景の中にこそ人生の真意が有るのだ、（しかしこの真意を説明しようとすると）説明するための言葉を忘れてしまう。

最初の四句は隠者暮しの前置き、次の四句は隠者暮しの一コマの描写。最後の二句の、「真意有り」の真は、「寧ろ超然として高く挙がり、以て真を保たんか」（『楚辞』卜居）を踏まえる。「言《ことば》を忘る」は、「魚を得て筌《うけ》（魚を捕る道具）を忘れ、……真を得て言《ことば》（真意をとらえる道具）を忘る」（『荘子』外物篇）を踏まえて、人間性の「真」なるものを悟った者はそれを説明すべき言葉を忘れてしまうものだ、という。この「言《ことば》を忘る」はまた狂者の姿勢でもある。『荘子』知北遊篇に次の故事がある。

知という者が「道」について狂屈という者に質問したら、狂屈は「知っていますよ、あなたに教えましょう」といったものの、言おうとしたとたんに言《ことば》を忘れてしまった。

「知」や「狂屈」は、知や狂屈という概念を擬人化した架空の人物の名。知は知恵、知識。ここは「方内の士」、俗人をさす。狂屈の狂は、楚狂接輿の狂。屈は窮まるという意味があり「狂の窮みさん」、陶淵明を擬える。最後の二句は、狂屈に仮託して、陶淵明の「真」なるもの悟りを得た狂の世界は、方内の俗人には説明のしようがないのだ、という。この韜晦する態度は、楊惲が田舎暮らしを説明する手紙を書いてそれが命取りになった故事に学んだ陶淵明の用心であり、また方内の士（俗人）を見下す陶淵明の高い姿勢を示してもいる。なお『荘子』には、狂に関して楚狂接輿の故事（『荘子』人間世）の他に、次の故事がある。

孔子が諸国歴遊の途中、陳国と蔡国の間で軍隊に囲まれ、七日間も食料が途絶えて苦しんだ。太公任が見舞いに行き言った「功名心を捨ててぼうっと何も思慮分別を働かさないようになって初めて「狂」の仲間になれます、世俗の名誉心や欲を捨てて名声を立てられない「狂」は苦難に逢うこともありません」。孔子はいいお話ですねと感動し、人々との交際を絶ち大沢に隠居し自然とともに暮らし、鳥や獣から嫌われなくなり、人からも嫌われなくなった。

（『荘子』山木篇）

太公任は、架空の人。大いに正しい、至正、公明なという意味を擬人化して命名した。ここでいう「狂」の世界は、世俗の功名心や名誉心や欲を捨て何も思慮分別を働かさない境地。また、建徳国（無為自然の徳を建てる国）という架空の国の人の故事もある。

建徳国の人は、愚直で利己心が無く、寡欲で自給自足しても利益を図ることを知らない。人に与えても報酬は求めず、義や礼も知らない。そして彼らは猖狂（心の欲するままに自由気まま）し、思うままにかってに行動するのだが、それが自然に「大道」にかなっている。（『荘子』山木篇）

建徳国の人の暮らしぶりの一部は「桃花源記」の詩に反映されている。陶淵明が「乱世」に楚狂接輿の歌を指針に「世をさけ」、園田に「方外の世界」を構築し、そこで「狂」（佯狂）者に仮託して展開した晴耕雨読、隠者暮らしの狂ぶりは、出仕しながら「方外の士」を気取る東晋の貴族や東晋の「方外の世界」への対抗意識の表出であり、東晋王朝への政権批判の姿勢でもあった。徳が衰えた世（暗君濁世）からは去るがよい、と歌った楚狂接輿の理屈からいえば、狂者（佯狂）陶淵明が去った東晋王朝は、宋朝も暗君濁世だということになるからである。陶淵明の狂ぶりは自己演出とも見て取れるがそれがかなり成功していたことは先に見た陶淵明と交際のあった顔延之の「陶徴士の誄《るい》」が伝える通り。このような陶淵明の処世態度は顔延之に影響を与えただけでなく、その方外観は陶淵明とほぼ同時期の孔欣に支持されている。孔欣の「相逢狭路間」詩に次のようにある。

未若及初九　未だ初九に及ぶに若《しか》ざれば
携手帰田廬　手を携え田廬に帰らん
躬耕東山畔　東山の畔に躬耕し
楽道詠玄書　道を楽しみ玄書を詠ず
狭路安足遊　狭路安《いずく》んぞ遊ぶに足らん
方外可寄娯　方外こそ娯しみを寄す可し

まだ出仕する時期ではないから、手を携えて園田の廬《いおり》に帰ろう、東山のほとりで二人並んで田を耕し、道を楽しみ哲学書に親しむのだ、仇怨みの出会う俗世間は訪れる価値はない、世俗の外、方外の世界こそ心を寄せ楽しむべき所だ。

孔欣は、田園に「世を避け」狂ぶりの晴耕雨読する陶淵明のような暮らしこそ、本当に楽しみを寄せることができる「方外」の世界なのだ、といっている。初九は、『易経』の卦の最下位（初）の陽爻。世に出る時期ではない意味。田廬に帰るは、陶淵明の「田園の居に帰る」詩や「帰去来の辞」、「山海経を読む」詩其一の「吾も亦た吾が廬《いおり》を愛す」の句を意識する。躬耕は、『論語』微子の「長沮と桀溺は耦して耕す」

を踏まえて農作業する隠者を、東山は謝安の隠棲を暗示する。狭路は、「相逢狭路」。狭い道は出会った者がお互い道を譲る地がない意味、転じて仇怨が相い逢うこと。ここは俗世間をいう。

陶淵明が田園で実現した方外の世界やそれを支持する孔欣の詩は、東晋の出仕しながら世俗の外を気取る「方外」の概念が、出仕しない「狂」（佯狂）者が田園で実現する世界、つまり政権批判の意味も含む「方外」の世界になったことを示している。

東晋末から宋初の「乱世」に「身を全うする」ためには、謝澹のように権力者を見極めてその側に立ち政治に関与しない「方外の士」ぶりを貫く生き方、陶淵明のように人里の田園に隠棲し、「狂」者に仮託した晴耕雨読の「方外の世界」（政権批判）を実現する処世、或は顔延之のように「狂」（愚か者、偏った者）者を自作自演、自己演出して仕官と辞職を繰り返すのが有効であった。六朝時代に、顔延之より以後は、「狂」の特筆する事例は見られない。しかし観念の世界では、陶淵明が楚狂接輿を慕ったように楚狂接輿は「狂」の象徴として存在し、陶淵明の評価が高まる唐代にはさらに注目されるようになる。そこで楚狂接輿が六朝人にどのように見られていたのか、その様相と理由を次に整理しておく。

第三節　六朝時代の「楚狂接輿」のイメージ形成について

楚狂接輿は六朝時代に、数多い「狂」（「佯狂」）者の中からひとり引用され続けた。その理由は、孔子のそばを歩きながらからかって歌をうたい濁世を批判した、という古くから伝わる楚狂接輿の「狂」ぶりを六朝貴族が気に入っていたことがあげられるが、さらに特筆すべきは、賢妻の助言に従い楚王の招きや俸禄から逃れて潔く跡を晦ました経緯と、一度も出仕したことがない経歴とが周知され、高潔な隠士のイメージが作られたことにある。これは他の「狂」（「佯狂」）者と大きく異なる点である。このイメージは、宋朝の建平王景素に仕えていた江淹（四四四～五〇五）が、郭文彦に連座し投獄された時に、獄中から王に書いた冤罪救済を訴える手紙に典型的に用いられている。

昔（冤罪を蒙り）上将ながら恥ずかしめを受けたのは絳侯の周勃で、讒言され投獄されました。名臣ながら辱めを受けたのは司馬遷で、蚕室に下されました。臣（江淹）のごときに至っては何を言うべきでしょうか。高士の魯仲連は智《さと》くも趙の平原君の俸祿を辞して趙を去ったまま二度と返らず、接輿は賢《かしこ》くも行歌したまま帰ることを忘れ（姿を晦まし）、厳子陵は故郷の東越に閉じ籠りつづけ、張仲蔚は故郷の西秦に引き籠ったままでした。（彼らは暗君濁世に「身を全うする」すべを）実によく知っていたのです。

（「詣建平王上書」『文選』巻三九）

江淹の手紙の主旨は、周勃や司馬遷ほどの人でも暗君のもとでは冤罪を晴らせず恥辱を被った、彼らに及ばない私のような者が暗君のもとに出仕していたら冤罪で殺されてしまう（私が殺されると建平王景素様は暗君ということになりますぞ）。そうなると「身を全う」するために高潔な人はみな、楚狂接輿らを真似て出仕しなくなります、いいのですか、暗君でないならば、私を救ってください、というもの。脅迫めいた理屈ではあるが、功を奏して即日救出された。そして江淹は、詩才は晩年尽きたといわれつつも、宋、斉、梁の三朝に大過なく仕え「その身を全う」した。手紙に引用されている周勃は、前漢の政治家。高祖（劉邦）の挙兵に従い、前漢建国後に絳侯（絳の地の領主）になり、高祖、呂后亡き後も陳平らと漢王朝を支えたが、謀反の意ありと讒言され投獄された。司馬遷は『史記』の著者。匈奴との戦いに敗れ捕虜となった李陵を弁護して、武帝の怒りをかい宮刑に処せられた。以下、魯仲連ら四人は「その身を全う」した高潔な隠士の例。魯仲連は、戦国時代の斉の高士。趙を囲んだ秦を撤退させる手柄をたてたが、趙の平原王の俸禄を辞去して海浜に隠れた（『史記』魯仲連伝）。「蹈海」（海に赴き死ぬ、高潔な志操）の語の典故でも有名。厳子陵は、後漢の厳光。若くして高名が有り、劉秀（後漢の初代天子、光武帝）とともに遊学し劉秀を支えたが、劉秀が帰国して即位すると出仕要請を断り、「狂奴故態」といわれつつも姓名を変え、故郷（会稽の余姚）に閉じこもり仕えなかった（『後漢書』逸民伝）。張仲蔚は、やはり故郷（秦の扶風）に姿を晦まし出仕しなかった（『太平御覧』巻五〇八逸民）。

漢代の鄒陽の手紙（「於獄中上書自明」）では、「その身を全う」した例として佯狂箕子と楚狂接輿が対になっていたが、江淹の手紙では、楚狂接輿と魯仲連が対になっている。箕子は殷が周に滅ぼされた後に、周の武王の招きに応じたので、「高潔な隠士」の範疇から外れたのである。楚狂接輿と魯仲連の組み合わせはすでに東晋の袁宏の文章にも用いられている。

春秋時代の末には、……君臣は離れ離れになり、名教（聖人の教え）は薄れ、ひどく混乱した不安定な世となった、それで蘧伯玉や寧武子は仕官したり仕えなかったりし、柳下恵は三度も免職になり、楚狂接輿は行歌し（姿を晦まし）、魯仲連は海浜に隠れた。（「三国名臣序賛」『文選』巻四七）

ここに列挙されているのは、暗君濁世に志を遂げて「その身を全うした」人たち。蘧伯玉と寧武子は、いずれも衛の国の重臣で、孔子が「蘧伯玉は君子だ、国に道がある時は仕えて才能を発揮し、道がない時は才能を隠している」（『論語』衛霊公）、「寧武子は国に道がある時は智者で、道がない時は愚者のようだ、その智者ぶりはまねできるが、愚者ぶりはまねできない」（『論語』公冶長）といっている。柳下恵は魯の国の賢大夫。斉が魯を攻めた時に、斉に使いして兵を引かせる手柄を立てたが、「道」を真直ぐに通す気性から、三回も罷免された。しかし卑官に落とされても、恥としないで庶民と馴染んでその職責を尽くした。『論語』微子に「柳下恵は士師（司法長官）になったが、三回免職になった。ある人が他国へ行けばよいでしょう、というと、柳下恵はまっすぐに道を通して人に仕えようとすれば、どこへいっても三回は退けられます。（退けられまいとして）道をまげて人に仕えるくらいなら、何も父母の国を去る必要はない、といった」とある。彼らは仕官しながらしなやかな処世で生き延びた明哲保身の典型であり、楚狂接輿と魯仲連は、志を遂げた後は、潔く姿をくらまし「その身を全うした」高潔な隠士の典型と認識されていたのである。

楚狂接輿のこのようなイメージが形成され、しかも単独で引用され続けるようになる大きな要因は前漢末の劉向の『列女伝』賢明伝の「楚接輿妻」（『韓詩外伝』にも一部掲載）にその事跡が詳細に記述されたことにある。多くの隠士や「狂」（「佯狂」）者が正式な歴史書の伝記はもちろん事蹟を伝える記載も殆どない中で異例なことである。劉向の『列女伝』は古来、中国女性の道徳観念を育成する教科書として読み継がれた書物であるから、貴族や皇族、高位高官の家の女性の処世の指針、お手本や理想となるように、さらには彼女たちの美意識にも耐えうるような形で記述されており、接輿の経歴や事跡に関する情報もそのフィルターを通って提供されている。次のような内容である。

接輿は躬耕して暮らしていた。楚王が使者に金百鎰と四頭立ての馬車二輛を持たせて淮南を治めるように接輿を招きに行かせたが、接輿は笑って応じず使者は帰った。帰宅した妻は「あなたは若いころから「道」をおさめて来られました、老いが近づく今ごろまさか「道」を捨てるのでないでしょうね、門の外の車輪の跡のなんと深いこと」接輿が使者の来訪を告げると、妻は「断ったでしょうね」といった。接輿が「富貴は人の欲する所なり（『論語』里仁）と、いうではないか、お前はなぜ私の仕官を嫌がるのだ」というと、妻は「義士は、礼に非ざれば動かず（『論語』顔淵）、また貧の為に操を易《か》えず、賤の為に行いを改めず（『論語』里仁）、といいます。私は貧苦の中であなたに衣食を整え尽くしてきて不満はございません」、さらに「王様の招きに従わないのは不忠、従っても期待はずれでは不義、ここを立ち去るしかございません」といい、二人は釜や甑、機織道具を持ち、姓名も変えて遠くへ行き、行方知れずになった。君子曰く「接輿の妻は道を楽しみ、害から遠ざかれた。貧賤に安んじて道を怠らないのは、真に至徳の者だ」。頌に曰く「接輿の妻は貧賤に安んじて居たが、夫は進み仕えようとした。妻は時勢の乱れるのを見抜き、楚王が接輿を招いても、夫に聘《まね》きから逃れるよう懇請し、終に災難に遭わずにすんだのだ」。

接輿の妻は、世の乱れるのを見抜き、立身出世の欲に惑わされそうな夫接輿を理詰めで善導した賢夫人として「賢明伝」に立伝された。接輿は楚王から招聘されるほどの人物でありながら、妻の賢明さを理解し、妻の提言に従った夫として描かれているが、この身の振り方は並みの男には出来ることではない。立伝の項目も「楚接輿妻」となっていて「楚狂」の「狂」が無いことからも推察できるように、ここに描かれた接輿夫婦は知的にも行動力の面でもハイレベルであり、また人間臭い面も多分にあり親近感がもてよう。「狂」（佯狂）者を愚か者、偏った者として特徴付ける愚行、凶行、過度の飲酒、醜態或いは汚い姿や自然のままの禽獣に近い不潔な暮らしぶり、先に見た王羲之が謝万に送った手紙に「古代の、俗世に別れを告げた者は、「被髪佯狂《ひはつようきょう》」したり、その身や身なりを汚し、行動や生活様式を穢したりしました。これは（実行するのは）とても難しいことです」と書いたようなことは一切記述がない。接輿が六朝の貴族、皇族の女性に支持された大きな理由である。さらに左芬《さふん》（左九嬪、西晋の左思の妹）の「狂接輿妻賛」にいう、接輿は高潔だ、との賞賛も大きく影響している。

接輿高潔　接輿は高潔にして
懐道行遙　道を懐い行い遙かなり
妻亦氷清　妻亦《ま》た氷のごとく清く
同味玄昭　味を玄昭に同じくす
遺俗栄津　俗を栄津に遺《す》て
志遠神遼　志は遠く神は遼《はるか》なり

接輿は徳が高く潔白で、道を思い行いは俗人から遙かに隔たっている。妻もまた心は氷のように清らかに透き通り、幽玄無為の思いを夫と同じくして、俗念を栄達の渡し場に捨て去り、（俗世間から）志は遠く精神ははるかに離れている。

この賛の題名は「狂接輿の妻の賛」となっていて、接輿は「狂」であるとの前提だが、この「狂」は中庸を得ない偏った者の意味で、接輿の偏った並はずれた世俗の欲の捨て去りかたが高潔だ、接輿の偏りを理解した妻も立派である、というのである。左芬の文辞がかなり大きな影響力を持っていたことは、兄の左思が当時「三都賦」を書いて「洛陽の紙価を高めた」ベストセラー作家と評判だったことに加え、左芬が美貌ではなく才徳で武帝の後宮で重用されたことからも窺える。左芬の本伝に次のような記載がある。

左貴嬪、名は芬。若いころから学問を好み、善く文を綴り、名声は兄の左思に次ぐ。武帝は後宮にいれ……容貌が陋醜なので寵愛は受けなかったが、才徳で礼遇された。病弱で薄室に居たが、帝は華林園に遊ぶたびに立ち寄り、話が文義に及ぶと、おそばで聴く者は皆、その言辞の清華を称美した。元楊皇后崩御に誄を献じ……悼后のお嫁入りの時は、座にいて詔を受け頌を作った……武帝が書かせた万年公主の誄も甚だ美麗であった。武帝は左芬の詞藻を重んじ、各地の名物珍品が有るたびに、必ず詔して賦や頌を作らせ、それでしばしば恩賜を得た。兄の左思に答える詩、書及び雑賦頌数十篇、並に世に行われる。

（『晋書』左芬伝）

左芬と同じころの皇甫謐の『高士伝』にも、楚狂接輿は陸通という名前で「陸通伝」が立てられている。『高士伝』は必ずしも女性の読み物ではないが、多くの男性には『高士伝』により、接輿（陸通）は「高士」つまり志が高く節操を堅持し品行高尚な人、在野の隠君子といったイメージが付加されたのである。なお、『高士伝』の記載内容は『列女伝』とほぼ同じであるが、最後の部分が異なり仙人になった、となっている。

諸名山に遊び、桂や櫨の実を食らい、黄菁子を服し、蜀の蛾眉山に隠れ、寿は数百年、俗に伝う以て仙と為ると。（『高士伝』）

ここは『列仙伝』（劉向著）に収載する「陸通伝」の「諸名山に遊び、蜀の蛾眉山に在り、世世之を見るも、数百年を歴て、去る」を援用したもの。楚狂接輿の行方については、西晋の嵆康の『高士伝』でも、蜀の蛾眉山（四川省成都の南西にある山）に隠れた、と次のように併記してある。

……姓名を変え、その行方を知る者はいない。嘗て仲尼（孔子）を見て、歌いながらそばを通り過ぎて曰く鳳や、鳳や……後、名を陸通と変え、養生を好み蜀の蛾眉山に居て、世世その姿が目撃されたという。

いずれにしても俗世間から潔く姿を晦ましたと認識されていたのである。嵇康はまた接輿を単に世を避けた「狂」（佯狂）者というよりも、その志を遂げた者とみていた。

　君子の経世済民の態度は、ある地位に達したら天下の為に働きしかも自分の信条を曲げず、窮すればそれを受け入れ悶えないことだ、この観点からみると、堯や舜が天子になり、許由が巌窟に棲み、子房（漢の張良）が漢の政治を補佐し、接輿が行歌したのも、考え方は同一で、その志を遂げた者と言える。

（「与山巨源絶交書」『文選』巻四三）

楚狂接輿の志は経世済民にあり、濁世の批判者として孔子のそばを歩きながら、「鳳よ、鳳よ……」と歌う形でつまり「行歌」して遂げた、というのである。接輿の「行歌」は、六朝人の愛読書の一冊『荘子』（人間世）にも、『論語』（微子篇）とは内容が少し異なるが、次のように記載されている。

孔子適楚、楚狂接輿遊其門曰、　　孔子楚に適《ゆ》く、楚狂接輿其の門に遊びて曰く、
鳳兮鳳兮　　鳳よ鳳よ
如何徳之衰也　　如何せん徳の衰えたるを

来世不可待
往世不可追也
天下有道聖人成焉
天下無道聖人生焉
方今之時僅免刑焉
福軽乎羽莫之知載
禍重乎地莫之知避
已乎已乎臨人以徳
殆乎殆乎画地而趨
迷陽迷陽無傷吾行
吾行却曲無傷吾足

来世は待つ可からず
往世は追う可からず
天下に道有らば聖人成し
天下道に無ければ聖人生く
今の時に方《あた》りては僅《わず》かに刑を免《まぬが》るるのみ
福は羽よりも軽く之を載《う》くるを知る莫く
禍は地よりも重く之を避くるを知る莫し
已《や》みなん已《や》みなん　人に臨むに徳を以てするを
殆《あやう》いかな殆《あやう》いかな　地を画して趨《はし》るは
迷陽《めいよう》（楚国の茨）よ迷陽よ　吾が行を傷《そこな》う無《な》かれ
吾が行却曲《きゃくきょく》すれば　吾が足を傷《きず》つくる無《な》からん、と

孔子が楚に行くと、楚狂接輿がその宿の門前をうろうろして次のように歌った、鳳（孔子になぞらえる）よ鳳よ、徳が衰えた世をどうしようもないだろう、来世に有徳の世がくるとは期待できず、過去のよき御世に追いすがることもできない。天下に道が行われていれば、聖人は道を完成し、天下に道が行われていなければ、聖人は独り道を守りその命を全うするもの、と聞いている。しかし今の世では刑罰を免れさえすればそれでよい、幸福は鳥の羽より軽く（どこかへとんでしまい）手に

入らず、禍は大地よりも重く避けるすべはないのだから。やめるがよい、人々に徳を教えることなどは。危ういことだ、理想に適う君主の地域を限定して趨《はし》る（敬意を示す歩き方）のは。楚国の茨《いばら》よ、私の人生行路を妨げないでおくれ、私は行く路を却曲《きゃくきょく》（退いたり、曲ったりする）すれば、足を傷つけずに済むだろう。

楚狂接輿が六朝貴族の好みや理想像、美意識にも充分適うように洗練され、知的で妻の提言も容れる等身大の高潔な隠士というイメージで貴族や皇族の女性たちからも認知されていたことは、東晋・明帝の娘の一人、盧陵長公主の次の逸話からも窺える。

袁羊が劉惔を訪ねると、劉惔は奥でまだ寝ていた。そこで詩を作りからかって言った「角枕は文茵に粲たり、錦衾は長筵《えん》に爛たり」。劉惔は盧陵長公主を娶っていたが、彼女は詩を見ると、心平らかならず言った「袁羊は昔の狂者（楚狂接輿）の生き残りだ」。

（『世説新語』排調篇）

袁羊の詩句は、未亡人の独り寝の寂しさを歌う『詩経』唐風・葛生の「角枕粲たり　錦衾爛たり」の句を捩ったもの。長い爛《きれい》な錦の夜具も夫の長い宴会で使われず爛《ただ》れてしまう（奥様はあの『詩経』の未亡人のように寂しいね）、という意味。筵は筵《むしろ》（夜具）と筵会《えん》（宴会）の、爛は美しいとただれるの掛詞になっている。袁羊が詩を作って劉惔夫婦をからかった行為はまことに余計な事を踏み込んでいう失礼なものだが、詩の内容にはご主人は政務に励みすぎて危ういぞ、という一面真実を言い得た諷刺も含んでおり、楚狂接輿が孔子をからかって「鳳よ鳳よ……」と歌いながらそばを通り過ぎた行為に通ずる。それで公主は「袁羊は昔の狂者（楚狂接輿）の生き残りだ」と切り返したのである。昔の狂者の狂は、先に見た狂司馬（おばか司馬）と同様に、存在を許容した慣れ合いのおばかさん、変な人といったニュアンスも含むが、楚狂接輿に比しているという連想が働くので袁羊も不愉快にはならず、むしろ当意即妙の反撃として当時の貴族に受けたのである。六朝時代は、貴族や皇族の娘や妻たちが生き生きと社交の場や家庭内で活躍しており、『世説新語』にも才気煥発な女性の逸話が処処に収載されてある。楚狂接輿がこの時代にひとり突出した存在になったのは、彼女たちに支持されたことも、かなり大きな要因であった。

唐代になると、楚狂接輿はさらに新しいイメージも開発され、潔い処世のお手本として陶淵明の評価が高まるにつれて、楚狂接輿の鳳の歌への注目度も高まった。そこで次に唐代の人は楚狂接輿をどのように見ていたのか、また楚狂接輿のイメージのどの部分を自分の処世のお手本としていたか、唐詩の中から読み取っていくことにする。

第四章　唐詩に詠じられた楚狂接輿について

第一節　初唐から盛唐の詩に詠じられた楚狂接輿、「狂歌客」の語の発明

科挙（官吏登用試験）に合格した官僚が政治を担う唐代になると、楚狂接輿は、新たなイメージが開発されて詩や文章にかなりの頻度で登場するようになる。唐代の詩人の多くは科挙を受験した経歴を持つので、かれらの政治的な立場や出処進退についての思いを仮託し表現するのに面白い詩の材料として、平凡な隠士ではなくまた真似るのが難しい古代の「佯狂」とも異なる、洗練された「佯狂」楚狂接輿の経歴や鳳の歌が着目されたのである。以下に見るように楚狂接輿の四つの新しいイメージが開発されているが、唐の三百年間は初唐（約百年）、盛唐（約五十年）、中唐（約八十年）、晩唐（約七十年）に区分するのが中国文学史の通例なのでその順に見てゆく。まず初唐の貞観年間に活躍した褚遂良（五九六〜六五八）の「安徳山池の宴に集う」（五言古詩）で、褚遂良自身を仮託する「狂歌の客」として登場する。

独 有 狂 歌 客　独り狂歌の客有り

来承歓宴余　来りて歓宴の余を承う

一人の楚狂接輿のような客が場違いも憚らずまかり越し、歓宴のおすそわけを賜って狂歌していま す（拙詩を披露しています）。

狂歌客の語は、褚遂良以前には用語例は無い。楚狂接輿が場違いも顧みずに孔子のそばにしゃしゃり出て、鳳よ鳳よ……と行歌したことに着目した褚遂良の造語で、楚狂接輿の代名詞として用いたもの。褚遂良は自分が安徳公の宴会に出席し詩を披露する行為を、楚狂接輿の行歌に擬えて、華やかなお歴々の宴会に相応しい者ではないことも顧みずしゃしゃり出て拙詩を披露している楚狂接輿のような私です、と謙遜、卑下する表現をしたのである。この接輿のイメージは、古来の狂（佯狂）者に付随する言動、立ち居振る舞いに礼儀を欠く愚か者が基本にあるが、同時に六朝時代に付加された知的で高潔な隠士のイメージを前提にしている。詩題の「安徳山池の宴の集い」は、安徳公である楊師道が自宅の園池をサロンの場として提供し主宰した、当時の俊英、エリートを集めた文雅の会。楊師道の本伝に次のように記載されている。

楊師道は……桂陽公主を娶り、吏部侍郎、太常卿を拝して、安徳公に封ぜられた。貞観十年（六三六）に魏徴に代わり侍中と為る。……楊師道は朝廷から退出した後、必ず当時の俊英を招いて自宅の園池で宴集した、その文会の盛んさは当時比べるものが無かった。雅《はなは》だ詩歌を善くし、又草隷に工み

であった……太宗は楊師道の作品を見る毎《ごと》に、必ず吟諷し賞賛した。　（『旧唐書』楊師道伝）

楊師道の安徳山池の宴に招かれた褚遂良はまさに当時の俊英であり、『旧唐書』褚遂良伝によれば、楊師道が侍中となった貞観十年（六三六）には四十一歳、秘書郎から起居郎に遷り、隷書に巧みでしかも古文書の真贋を見分ける能力も有り、太宗から厚く信頼されていた。褚遂良はまた、太宗の後宮にいた武氏、後の則天武后が太宗の息子の高宗の皇后になることに、敢えて進み出て反対して左遷された、気骨ある政治家としても有名である。なお、『全唐詩』にはこの詩と同題の「安徳山池の宴に集う」詩が六首収載されている。作者は劉洎、岑文本、楊続、許敬宗、上官儀、李百薬らであり、制作時が同年かは不明だが、季節は春で共通しており、いずれの詩も安徳公の山池の宴会の素晴らしさを謳っている。褚遂良によって開発された謙譲表現の「狂歌客」は、以下に見るように宴会などの場面で謙遜、卑下する表現として詠われていくので、これを楚狂接輿のイメージⅠ類としておく。

初唐の四傑と称された盧照隣（六三〇?～六七六）の「山行して李二参軍に寄せる」（五言古詩）は、人生行路のつらさを詠う作品だが、やはり楚狂接輿を意識する狂歌の語が用いられている。

万里煙塵客　　万里　煙塵の客
三春桃李時　　三春　桃李の時

事去紛無限　事去るも紛として限り無く
愁来不自持　愁来るも自ら持せず
狂歌欲嘆鳳　狂歌し鳳を嘆かんと欲し
失路反占亀　失路し反りて亀に占う

万里の道を俗世間の塵にまみれて旅する私、春の桃や李の花が咲く時節。俗事は一つ去っても限りなく、愁いが次から次と来て持ちきれないほど。楚狂接輿のようにしゃしゃり出て狂歌し鳳の徳が衰えたと時勢を嘆こうとしたり、放逐された屈原のように処世に迷いすすむ道を亀占いに求めたりしている。

ここの狂歌も、楚狂接輿が孔子に鳳の歌を聞かせたことに着目したものだが、こちらは時勢を批判する志を遂げた楚狂接輿で、政治的な志を遂げ活躍する場を求めることをいう。このしゃしゃり出て志を遂げようとする楚狂接輿をイメージⅡ類とする。失路の句は、楚の国から放逐された屈原が自分の生き方に疑問を覚え、神明を問うて亀占いをしてもらった故事（『楚辞』卜居篇）を踏まえる。盧照隣が人生を辛いと愁えたのは、高宗（在位六四九〜六八三）が吏（実務家）を尊重するのに対して自分は儒（学者）であり、則天武后が法（法治主義）を尊重するのに対して自分は黄老（道教）であるから、則天武后が有能な人物を招聘するころ自分は無用になる、と思うことによるもの（『新唐書』盧照隣伝）。盧照隣は皇族の鄧王に仕えて才能を認められ、新都（四川省）の尉となっていたが結局、病で辞職し、養生の末に投身自殺した。

同じく初唐の詩人陳子昂（六六一～七〇二）は、「感遇」其三十五（五言古詩）で、蜀の蛾眉山で楚狂接輿に会って一緒に浩然の気を養いたい、という。

浩　然　坐　何　慕　　浩然　坐《はなは》だ何《なん》ぞ慕うるや
吾　蜀　有　蛾　眉　　吾が蜀に蛾眉有り
念　与　楚　狂　子　　念ず楚の狂子と
悠　悠　白　雲　期　　悠悠　白雲に期せんことを

浩然の気は深くなんと慕わしいことか、我が故郷の蜀（四川省）には楚狂接輿が隠れたと伝えられる蛾眉山が有る。
楚狂接輿と悠悠たる白雲郷（仙人世界）で会うことを約束したいものだ。

浩然は、浩然の氣。まっすぐでしっかりした大きな正気、なにものにも屈しない道徳的な勇氣。楚狂子は、楚狂接輿。「……接輿、乃ち佯狂して仕えず、故に時人は之を楚狂と謂う……蜀の蛾眉山に隠れ、寿は数百年、俗に伝う以て仙と為ると」（『高士伝』陸通伝）とあることに着目した、蜀（蛾眉山）に姿を晦まして仙人修行する（隠者になる）接輿をいう。これを楚狂接輿のイメージⅢ類とする。陳子昂は蜀（梓州射洪、今の四川省）の大富豪の家に生まれ、少年のころは賭博や狩猟に明け暮れていたが、地元の学校に上がってから勉学に目覚め、二十三歳で科挙の試験に合格、則天武后（六二四〜七〇五）に認められて右拾遺にまで出世し、六九八年ころ辞職して帰郷した。帰郷の理由は老父に仕えるためとされるが、八十歳に近い則天武后の天下が終焉し、騒乱が起こることを予想して辞職したのかもしれない。この詩はそのころの作。

なお、陳子昂が二十一歳で故郷の蜀を出て長江を下り、上京する時の作品「荊門を度《わた》り楚を望む」（五言律詩）では、自分を「狂歌客」即ち楚狂接輿に仮託して、次のように詠っている。

遙遙去巫峡　　遙遙 巫峡を去り
望望下章台　　望望 章台に下る
巴国山川尽　　巴国 山川尽き
荊門煙霧開　　荊門 煙霧開く
城分蒼野外　　城は分つ蒼野の外
樹断白雲隈　　樹は断つ白雲の隈《くま》
今日狂歌客　　今日狂歌の客
誰知入楚来　　誰か知らん楚に入り来たるを

遙か遠く巫峡（長江にある三峡の一つ）を去り、はるかに章台（長安の宮殿にある台）を望みつつ長江を下る。

巴国（四川省）の山川が尽きて、荊門（山の名、湖北省宜都県）のあたりで煙霧が晴れた。楚（洞庭湖をはさむ湖南省、湖北省一帯）の町を望むと、城郭が蒼野のかなたにくっきりと見分けられ、木々は白雲の隈に切れ切れに見える。

今日、楚狂接輿のような私が、楚の国に入ったことを誰が知っているだろうか。


狂歌客は、褚遂良の詩にいう「狂歌客」を踏まえた楚狂接輿の代名詞で、陳子昂を仮託するが、この詩の客は旅人の意味。大唐帝国の花の都長安へのぼり、志は高く意気揚揚と科挙の試験を受けようとしているが、誰にも存在を知られない全く無名の若輩の田舎者の私、まるで場違いの所に敢えてしゃしゃり出て「行歌」する楚狂接輿のようだ。科挙に合格して志を遂げようと都へ進み出る気持ちの表現と見れば楚狂接輿のイメージⅡ類であり、謙遜に気おくれ、自嘲も含むとみれば楚狂接輿のイメージⅠ類である。自信と自嘲、武者震いがないまぜになった気持ちが見て取れる。同じころの襄陽（湖北省）での作「峴山懐古」詩では、「誰か知らん万里の客、懐古して正に踟《ち》躕《ちゅう》するを」という。踟躕は、うろうろして先に進み難いさま。無名であることへのこだわり、孤独感が詠われている。なお、陳子昂の狂ぶりは次の逸話から知られる。

陳子昂は都長安に十年いても無名であった。ある時、市場で胡琴が百万金もの高値で売り出された。誰も買わないのに陳子昂が買い、驚く人々にいった「私は胡琴の名手で、皆様に腕前をご披露します、ご馳走も用意しますから明日拙宅へきて下さい」。当日、大宴会をして、「私は蜀の陳子昂です。詩文を百巻持参しましたが、誰にも読んでもらえません、この胡琴は芸人の道具でなにも惜しいことはありません」といって、胡琴を叩き壊して、自分の詩文を百人余りの来客全員に配った。これにより、陳子昂の評判は一日で都中に広まった、という。（『述異記』）

初唐の末から盛唐の詩人孟浩然（六八三～七四〇）は、「張丞相に従い紀南城の猟に遊び　戯れに裴迪と張参軍に贈る」（五言古詩）で、「狂歌客」を次のように用いている。

何 意 狂 歌 客　　何の意ぞ狂歌の客
従 公 亦 在 旃　　公に従い亦《ま》た旃《ここ》に在るとは

どうゆうつもりか楚狂接輿のような者（私）が、場違いも顧みずしゃしゃり出て張丞相にお相伴して立派な宴席に侍っています（拙詩を披露しています）。

この詩の狂歌客は、楚狂接輿のイメージⅠ類の典型的な用い方で、張丞相さまの立派な狩の遊びや宴会に楚狂接輿のような私が、場違いも甚だしくしゃしゃり出て御供しております、と謙遜の表現になっている。

詩題の張丞相は、張九齢（六七八～七四〇）。玄宗に仕え大いに認められたが、李林甫と対立して荊州刺史（湖北省江陵）に左遷されて当地で病没した。孟浩然は、襄州襄陽（湖北省襄樊市）の人。若いころから科挙の試験に受からず、故郷の鹿門山に隠棲し、四十歳を過ぎて上京し受験しても受からず、都の名士と交流して王維らと親交を結んだ。この詩は、荊州刺史となった張九齢が孟浩然（四十八歳）を招いて従事とした、その時期の作。詩の題の紀南城は、荊州にある古都の名。裴迪は王維の年若い友人。張参軍は不詳。孟浩然は同じころの「宋太使の北楼新亭に和す」（五言排律）でも、楚狂接輿のイメージⅠ類を用いて、次のような謙遜表現をしている。

………

願随江燕賀　江燕に随い賀せんと願うも

羞逐府僚趨　府僚を逐い趨《はし》るを羞ず

欲識狂歌者　狂歌する者を識らんと欲せば

丘園一豎儒　丘園の一豎儒《じゅじゅ》なり

……川辺の燕に随い北楼新亭の落成を祝賀したいと願う一方で、役所の役人たちのあとを追い小走りするのが恥ずかしい、立派な祝賀会に場違いをも顧みずしゃしゃり出て楚狂接輿のように狂歌する者（拙詩を披露している私）は、本来丘園に隠棲するつまらないインテリです。

詩の題の宋太使は、襄州刺史の宋鼎。張九齢の従事に採用された孟浩然が、故郷の襄州に一時帰宅した時の作。江燕の句は、『淮南子』説林の「大廈（大きな建築物）成りて燕雀相い賀す」を踏まえる。府僚は役所の役人。趨は、朝廷や役所で恭謹を示す歩き方、小走り。狂歌者は、狂歌客と同じ。豎儒は、儒者（知識人）を卑下する語。くされ儒者。孟浩然自身をいう。また制作時期は不明だが、「山中にて道士雲公に逢う」（五言古詩）詩では、楚狂接輿を次のように用いている。

………

謂余搏扶桑　　余に謂う扶桑を搏ち
軽挙振六翮　　軽挙して六翮を振うべし
奈何偶昌運　　奈何ぞ昌運に偶せしに
独見遺草沢　　独り草沢に遺さると
既笑接輿狂　　既に接輿の狂を笑い
仍憐孔丘厄　　仍お孔丘の厄を憐れむ

物情趨勢利　物情は勢利に趨るも
吾道貴閑寂　吾が道は閑寂を貴ぶ
偃息西山下　偃息す西山の下
門庭罕人迹　門庭 人迹罕《まれ》なり
何時還清渓　何れの時か清渓に還り
従爾煉丹液　爾《なんじ》に従い丹液を煉らん

……（道士の雲公様は）私に言った「太陽をめざして、大きな鳥が軽やかに舞いあがるように出世するはず、

なぜ国運が上向きの盛んな御代に、一人在野に残されているのだ」と、

（私は）接輿のように佯狂してまでしゃしゃり出て行歌し志を遂げようとする姿を嘲笑するし、孔子のように苦労してまで仕官しようとする態度に憐憫の情を覚える。

人々の心は権勢や利益に向かうが、私の生きる道は閑寂を最も貴いとする、

それで西山の麓に隠棲し、門前や庭には俗人の足跡がほとんどない。

いつか道士雲公様が清渓にお帰りになったら、あなたに従って丹液を煉り仙人修行をします。

この詩の接輿は、楚狂接輿のイメージⅡ類。佯狂してまでしゃしゃり出て政治的に活躍する場を求める生

き方を愚かしいことだと軽んじ笑う。ここの笑うは、あざ笑うこと。

初唐の末ころまでに楚狂接輿のイメージは、以上の三種類になった。いずれも、しゃしゃり出て行歌し志を遂げて、蜀の蛾眉山に隠れたという接輿の行跡、行為に着目して、自分の立場や処世態度、考え方を比喩する詩材としたものである。しかし盛唐の初めの王維（六六九〜七五九）は、楚狂接輿の出仕歴の無いことに着目し、内面的な精神性に焦点をあてた楚狂接輿の人物像をイメージ構成してみせた。「偶然作」其一に次のようにある。

楚国有狂夫　　楚国に狂夫有り
茫然無心想　　茫然として心想《しんそう》無し
散髪不冠帯　　髪を散じて冠帯せず
行歌南陌上　　行歌す南陌の上
孔丘与之言　　孔丘之《これ》と与《とも》に言うも
仁義莫能奨　　仁義を能く奨《すす》むる莫し
未嘗肯問天　　未だ嘗て肯て天に問わず
何事須撃壌　　何事ぞ壌《じょう》を撃《う》つを須《もち》いん
復笑采薇人　　復た采薇の人をも笑う

胡為乃長往　胡為《なんすれ》ぞ乃《すなわ》ち長往《ちょうおう》せるやと

楚国に狂人といわれた接輿がいた、茫然として何も考えていない、ざんばら髪で帯も冠も付けずに（無位無官）、南の大通りを歌いながら歩いている。孔子が彼と話をしたとしても、仁義の道を彼に推奨することはできない。彼は屈原のように忠誠を容れられない苦悩を天に問わないし、太古の老人のように聖天子の御世を謳歌し壌を撃つこともしない。そして周の政権を非難して首陽山に籠り、薇を食べて餓死した伯夷・叔斉を、なぜ長く山に行ったままなのかと、げらげら笑っている。

問天は、屈原が楚国から放逐されて、世の不条理を一つ一つ天に問うたこと（『楚辞』天問）をいう。撃壌は、帝堯の時代の老人が壌（大地、或は土器）を叩きながら「日出て作し、日入りて息《いこ》う、井を鑿《うが》ちて飲み、田を耕して食らう、帝力我に於いて何か有らんや」と歌ったことを踏まえる。采薇の人は、伯夷・叔斉。殷を滅ぼした周の武王を諫めたが、聞き入れられなかったので「周の粟は食べない」と義を立て首陽山に隠れ薇を食べて餓死した。これらの人は、古来、愛国・憂国詩人、聖天子の御代を楽しんだ人、節義の人と高く評価されている生き方や価値観を象徴する。ここに描かれた楚狂接輿はかれらのような人や行為に対して否定も肯定もせずただ笑っているのである。この笑いは何も考えない天真爛漫な笑い。つまりあらゆる権威や規範、美徳や迷妄などから解き放たれ、無念無想の境地に到達した真に自由な人を象徴する。王維がイメージ構成した楚狂接輿は、六朝時代に付加された高潔な隠士のイメージの上にさらに高い境地、精神性を上乗せした、何ものにも束縛されず自由気ままに生きる、笑いながら行歌する楚狂接輿である。これを楚狂接輿のイメージⅣ類とする。王維の「輞川の閑居、裴秀才迪に贈る」（五言律詩）をみてみよう。

寒山転蒼翠　寒山転《うた》た蒼翠
秋水日潺湲　秋水日に潺湲
倚杖柴門外　杖に倚る柴門の外
臨風聴暮蟬　風に臨み暮蟬を聴く
渡頭余落日　渡頭　落日を余し
墟里上孤煙　墟里　孤煙上る
復値接輿酔　復た値う接輿の酔うて
狂歌五柳前　五柳の前に狂歌するに

寒々しい山は常緑樹の緑がいよいよ濃く見え、秋の川は日に日にさらさら流れる。杖にすがって柴門の外に立ち、風に吹かれて夕暮れの蟬の声を聞く、渡し場のあたりは残照に染まり、村里には一筋の炊飯のけむりが上がっている、また出会ったことだ、楚狂接輿が酔って、五柳先生の家の前で狂歌するのに。

五柳は、陶淵明の「五柳先生伝」にちなみ、王維が自分の輞川荘を陶淵明になぞらえた隠者の家とした表現。王維は早熟の天才で、詩はもとより絵や音楽にも精通し、若くして科挙の試験に合格し、初唐末から盛唐のころ宮廷詩人の筆頭としてもてはやされ出世する一方で、都の郊外、輞川のほとりに輞川荘という別荘を建て、休暇のときはここで隠者の暮らしを楽しんだ。半官半隠という。この詩の接輿は、詩題の裴秀才迪を比喩する。秀才は科挙受験（有資格）者の号。裴迪は王維が可愛がった年下の友人で、詩もそれなりに作るが、なかなか科挙の試験に合格しなかった。接輿に仮託した裴迪の酔態に、楚狂接輿のイメージⅣ類の具現化がみられる。楚狂接輿の自由でなにものにも拘束されない境遇を裴迪の無位無官の境遇に、楚狂接輿の無念無想の境地を裴迪の陶酔境に、佯狂して行歌する接輿を裴迪の狂歌する姿に重ねている。

この狂歌は、楚狂接輿が孔子に鳳や鳳や……今の世は徳が衰えており政治に参加するのは危ないから隠者になれと歌った歌。この歌は時の政治批判の歌でもあるから筆禍事件を避けるために、王維が酒に酔った接輿（裴迪）という設定をした可能性もあるのだが、以後、「狂歌」が接輿の歌の意味で用いられる場合は、酔態、酒との組み合わせ、または陶淵明との組み合わせが一つの典型となる。なお、楚狂接輿に見立てた李山人が、俗世間から離れて竹林の中で自由に清らかに暮らす様子を詠じた詩では、「狂歌」は「狂し来たれば」という条件で接輿の歌の意味で用いられている。「李山人の所居《しょい》に遊び、因《よ》りて屋壁に題す」（五言律詩）に次のようにある。山人は、山の中に住む隠者。

世上皆如夢　世上皆夢の如く
狂来或自歌　狂し来たれば或は自ら歌う
問年松樹老　年を問えば松樹老い
有地竹林多　地有りて竹林多し
薬倩韓康売　薬は韓康《かんこう》を倩《やと》いて売り
門容尚子過　門は尚子《しょうし》の過《よ》ぎるを容《い》る
翻嫌枕席上　翻って嫌う枕席の上
無那白雲何　白雲を那何ともする無し

（李山人は）俗世間のことは皆夢幻《ゆめまぼろし》のようだとしていて、狂なる気分が湧き起こると楚狂接輿の歌を歌う。年齢は老松と同じであり、この隠棲の地には竹林が多い。薬草は韓康のような人を雇って売り、門に出入りを許すのは尚子のような人だけである。それでも寝具のあたりに、白雲が多いのをどうしようもないと嫌がっておられる。

この詩は王維の詩としては凡作だが、楚狂接輿に付随するイメージのほとんどが陳列されてある。松は、隠逸生活の象徴。陶淵明の「帰去来の辞」に「孤松を撫して盤桓す」とあるのを意識する。竹林は、六朝時代の「竹林の七賢」以来、世俗を避けて自由気ままに生きる文人の世界を象徴し、「方外の士」と称された阮籍を暗示する。韓康は、後漢の人。長安で薬を定価で売り、誠実さで有名になると山中に逃げ、朝廷からしきりに召され桓公に安車（徳の高い老人を手厚く遇する車）で迎えられるも姿を晦ました。尚子は、後漢の人。隠逸して仕えず、息子の嫁取りが終わると家事にも関わらなくなった。白雲は、超俗の世界や仙郷など清らかな世界の象徴、などである。「狂歌」の「狂し来たれば」歌うという条件は、古来の「狂者は罪せられず、殺されず」の観念が踏襲されていることも伝えている。王維が開発したこの楚狂接輿のイメージⅣ類と接輿の歌を意味する「狂歌」の用法は、以後換骨奪胎されながら用いられてゆく。

盛唐の高適（七〇三～七六五）は「封丘県（作）」（七言古詩）で、狂歌の語を楚狂接輿のイメージⅣ類を用いて次のように詠じている。

我本漁樵孟諸野　　我れ本と孟諸の野に漁樵し
一生自是悠悠者　　一生自ら是れ悠悠たる者
乍可狂歌草沢中　　乍《むし》ろ草沢の中に狂歌するとも
寧堪作吏風塵下　　寧《なん》ぞ風塵の下に吏と作《な》るに堪《た》えんや
…………　　……中略
乃知梅福徒為爾　　乃ち知る梅福は徒《と》為《い》爾《のみ》
転憶陶潜帰去来　　転《うた》た憶う陶潜の帰《き》去来《きょらい》を

私は本々孟諸（河南省南邱県）の野で釣りやきこりをして、これまでずっと俗世間を軽んじて暮らしてきた者だ、在野で楚狂接輿の歌を歌い自由気ままに生きる方が、役人世界で吏（小役人、地方官）となるよりずっといい。……梅福の行為は無駄であったと分かり、ますます陶淵明が「帰去来《ききょらい》の辞」を詠い田園に隠棲したことが慕わしく思われる。

高適は豪放な性格で、若いころは仕官を望まず任侠と放浪の生活を送り、七四四年には、朝廷を追放された李白や就職活動中の杜甫らと連れ立って梁、宋（河南省）を旅した。晩学ではあったが学問や詩作に目覚め、七四九年に有道科に合格して封丘（河南省封丘県）の尉となった。この詩はそのころの作。狂歌の句は、楚狂接輿のイメージⅣ類に自分を仮託して、在野で自由気ままに楚狂接輿の歌を歌っている方が、地方の小役人になるよりよいという。吏は、ここは封丘県の尉をさす。梅福は、前漢の人。南昌県の尉となり上書したが採用されず、仙術を学び、さらに呉市の門番となってまで評判を上げ認められようとしたが、結局行方知れずとなった。徒為爾《といのみ》は、まったく無駄な無益な行為だという意味。有能な人が世に用いられることなく才を埋めたことをいう。陶淵明は彭沢の県令を潔く辞職して隠逸し、「帰去来の辞」を書いた。この詩でも楚狂接輿と陶淵明がセットになっている。高適はまもなく官を捨てて、辺塞を遊歴し、七五二年ころ河西節度使哥舒翰の掌書記になり、安祿山の乱（七五五年）に大手柄を立て、以後は、盛唐の詩人としては異例の出世を遂げた。

盛唐の李白（七〇一〜七六二）は、四十二歳から朝廷で翰林供奉を勤めていたが、宦官高力士らに讒言され、朝廷から放逐された（四十四歳）。その後は諸国を放浪していたが、四十七歳のころの「広陵の諸公に留別す」（五言古詩）で、自分の往年の経歴、酒と仙人修行への志向を詠い最後の句で、狂歌の語を次のように用いている。

狂歌自此別　　狂歌して此より別れ
垂釣滄浪前　　釣を垂れん滄浪の前

楚狂接輿の歌を歌いここで皆様にお別れし、滄浪のほとりで釣り糸を垂れます。

狂歌は、楚狂接輿の歌。詩題にいう広陵の諸公つまり俗世の役人たちに、今は徳の衰えた世で官界は危ないから隠逸すべしと忠告する接輿の歌をうたい、皆様にお別れし隠逸生活を送ります、という。滄浪は、漢水。『楚辞』漁父の「滄浪の水清まば以て我が纓（冠のひも）を濯うべく、滄浪の水濁らば以て我が足を濯うべし」をふまえて隠逸することをいう。晩年の「廬山の謡《うた》　廬侍御虚舟に寄せる」（五言古詩、六十歳ころ）では、自分を楚狂接輿のような者だ、と詠っている。

我本楚狂人　　我は本《も》と楚の狂人

鳳歌笑孔丘　　　鳳歌して孔丘を笑う
手持緑玉杖　　　手に持す緑玉杖
朝別黄鶴楼　　　朝に別る黄鶴楼
五岳尋仙不辞遠　五岳仙を尋ね遠きを辞せず
一生好入名山遊　一生好んで入る名山の遊

……………

私は本来楚狂接輿のような者で、鳳や鳳やと行歌して孔子が仕官しようと苦心する処世を軽んじ嘲笑する、手には仙人の緑玉の杖を持ち、朝には黄鶴楼から（仙化し鶴に乗り飛び去った人のように）俗世間にお別れして、五岳に仙人を訪ねて遠くても気にせず、一生涯を通じて好んで名山に入り遊歴しようと思う。

楚の狂人は、楚狂接輿。李白は楚狂接輿に仮託して、官職を求めて齷齪する処世を嘲笑い、無位無官で自由気ままに名山を尋ねて仙人修行するのだ、という。鳳歌は、行歌（狂歌）と同じ意味。楚狂接輿のイメージⅢ類（蜀で仙人になった）とⅣ類を併せ用いている。黄鶴楼は、仙人が壁に描かれた鶴を呼び出してその鶴に乗って昇天した等の伝説がある高楼（湖北省武漢市）。五岳は、嵩山（中岳）、泰山（東岳）、崋山（西岳）、衡山（南岳）、恒山（北岳）の五つの名山。歴代天帝や神とあがめられた。詩題の廬山は、江西省九江市の南の山。周代に匡俗が隠逸し、仙人になって昇天し廬《いおり》が残ったという伝説があり、陶淵明が隠棲した山でもある。廬侍御虚舟は、殿中侍御史の廬虚舟。同じく六十歳ころの「江西にて友人の羅浮に之《ゆ》くを送る」（五言古詩）でも、楚狂子つまり楚狂接輿に自らを比している。

…………

爾去之羅浮　爾《なんじ》去って羅浮に之《ゆ》き
我還憩峨眉　我還《かえ》って峨眉に憩う
中闊道万里　中闊《ちゅうかつ》　道万里
霞月遙相思　霞月　遙かに相い思う
如尋楚狂子　如《も》し楚の狂子を尋ぬれば
瓊樹有芳枝　瓊樹に芳枝有らん

……君は羅浮山に帰って行き、私は故郷の蜀に還り峨眉山で憩う。中間の道のりは広く万里も離れているが、明るく美しい月を見ては君のことを遙に思い懐かしむだろう。もし君が楚狂接輿のような私を尋ねて蜀に来たら、（私は仙郷にいるから）玉の樹に芳しい花の咲く枝があるだろう。

羅浮は、羅浮山。広東省増城県の東にある。東晋の葛洪が仙術を得た山と伝えられ、山麓は梅の名所として古来名高い。峨眉は、峨眉山。楚狂接輿が姿を晦まして仙人になったと伝えられる蜀（四川省）の山。楚狂子は、楚狂人と同じ、楚狂接輿。李白を仮託する。李白は、蜀の青蓮郷（四川省綿陽県）の人で、二十五歳ころまで蜀にいて、勉学しつつ峨眉山や岷山に籠って剣術修行をし、隠者と暮らしたという。蜀を出てから故郷に戻ることはなかったが、ここは葛洪の仙術に因む羅浮山に対して楚狂接輿のイメージⅢ類の峨眉山を用いた。瓊樹は、仙郷に生育するという玉の樹。羅浮山の梅に対していった。

盛唐の杜甫（七一二〜七七〇）は、則天武后朝で活躍した杜審言の孫で、詩才はあるが科挙の試験に受からず、長安で貧困の中、就職活動を続け、四十四歳の冬にようやく太子右衛率府兵曹参軍事（武器庫の管理官）に採用された。従八品の下という低い官位だが初めての任官である。その時の「官定まりて後、戯れに贈る」詩（原注　時に河西の尉を免じられ、右衛率府兵曹に為《な》る）で、楚狂接輿のイメージⅠ類の狂歌の語を用いて、接輿に仮託し、朝廷の役所という立派な場所にふさわしくない者ですが……と恭謙の気持ちを表現している。

不作河西尉　　河西の尉と作《な》らざるは
凄涼為折腰　　凄涼腰を折るが為なり
老夫怕趨走　　老夫趨走を怕《おそ》るも
率府且逍遙　　率府に且つ逍遥せん

耽酒須微祿　酒に耽るに微祿を須《ま》ち
狂歌託聖朝　狂歌して聖朝に託す
故山帰興尽　故山帰興尽く
回首向風飈　首《こうべ》を回《めぐ》らして風飈に向かう

河西の尉を辞退したのは、上役にぺこぺこするのが悲痛だから。老夫が朝廷で慎み深く行動できるか心配だが、右衛率府でまあまあぶらぶらしていよう。酒に耽るには少しばかり奉祿が必要なので、聖朝という立派な所に場違いではあるが楚狂接輿のようにしゃしゃり出てこの身を託すことにした。そうしたら故郷に帰りたい気持ちは尽きて、風に向かって振り向いて見るくらいになった。

腰を折るは、陶淵明が彭沢の県令をやめる時、五斗米（安月給）のために上官に腰を折れるか（ぺこぺこしない）、といった故事を踏まえる。この詩でも陶淵明と狂歌（楚狂接輿）がセットになっている。趨走は、朝廷や役所で恭謹を示す歩き方。酒に耽るために微祿でも必要なのだと屈節した表現をしているが、生活苦から奉先県に預けていた家族を呼び寄せる目途がたったのである。しかし不運にもこの年の十一月に、安祿山の乱が起こり、天下騒乱の中で、遂に官職を捨て家族をつれて放浪の旅に出た。四十九歳で蜀（四川省）の成都に草堂を構え小康を得て、五十四歳まで足掛け六年間滞留する。蜀にいたころの作品「王侍御に陪して通泉の東山の野亭に宴す」（五十一歳の作）でも、楚狂接輿のイメージⅠ類の狂歌の語を用いた次のような謙遜表現がある。

江水東流去　　江水東流し去り
清樽日復斜　　清樽　日復《ま》た斜なり
異方同宴賞　　異方同《とも》に宴賞すれば
何処是京華　　何《いず》れの処か是れ京華
亭景臨山水　　亭景山水に臨み
村煙対浦沙　　村煙浦沙に対す
狂歌遇形勝　　狂歌形勝に遇えば
得酔即為家　　酔を得て即ち家と為す

涪江の水は東へと流れ去り、清らかな酒樽にさす日差しも西に傾いた。異郷（梓州の通泉県）で王侍御様にお供してともに宴会し風景を観賞すれば、都にいるかのようです。野亭の影は山水に臨み、村里の炊飯の煙は浦の浜辺に対している。（王侍御様の立派な宴会に場違いにもしゃしゃり出て拙詩を披露している）楚狂接輿のような私は素晴らしい景色に遇い、充分に酔っぱらい我が家にいるような気分になりました。

村煙の語は、陶淵明の「帰園田居」詩其一の「曖曖たり遠人の村、依依たり墟里の煙」の村と煙を意識する杜甫の造語。この詩でも陶淵明と狂歌（楚狂接輿）の組み合わせが見られる。詩題の通泉は、梓州（四川省中部）の通泉県。翌年、同じく梓州での「牛頭寺《ごずじ》を望む」（五言律詩、五十二歳の作）では、牛頭寺の素晴らしさを述べた後、尾聯で狂歌を次のように用いている。

休　作　狂　歌　老　　狂歌の老と作《な》るを休《や》めて
廻　看　不　住　心　　廻看せん不住《ふじゅう》の心

蜀に姿を晦まして老いた楚狂接輿になることをやめて、一所に留まらずに諸方を巡り修行する僧侶の心を振り返ってみることにした。

狂歌老は、狂歌客と同じだが、老人の意味も含む。楚狂接輿のイメージⅢ類の蜀に姿を晦ましたこととⅣ類を併せて用いた杜甫が開発した用法で、蜀に姿を晦ましている無位無官の高い境地の楚狂接輿をいい、杜甫を仮託する。杜甫はこの年の正月に官軍が河南・河北を平定したと聞いており、この句は、都へ帰ろうと思う気持ちを詠じたもの。不住の心は、とどまらない、拘らない心。諸方を行脚して修行する僧侶を不住子という、そういった心をいう。翌年、五十三歳の春、閬州にいて朝廷より京兆功曹参軍に召されるが辞退し、三月に厳武が再び蜀に来たと聞いて成都に戻った。そのころの作「王二十四侍御契に贈る四十韻」では、楚狂接輿に仮託して次のように詠じている。

……………

接輿還入楚　　接輿還《ま》た楚に入り
王粲不帰秦　　王粲秦に帰らず
錦里残丹竈　　錦里に丹竈残り
花渓得釣綸　　花渓に釣綸を得る
消中秪自惜　　消中《しょうちゅう》秪《た》だ自《みずか》ら惜しむ
晩起索誰親　　晩起誰を索《もと》めて親まん

（私がまた蜀の成都に還ったのは）楚狂接輿が故郷の楚に還り、流寓する王粲が都に帰れないようなものです。成都の錦江のほとりには丹薬を錬る竈《かまど》が残っており、浣花渓では釣り糸を手に入れることができました。消渇《しょうかつ》（糖尿病）の私はただ自ら我が身を惜しむばかり、朝遅く起きる暮らし（無位無官の隠者暮らし）で誰を探し求めて親しめばよいか分かりません（王二十四侍御契さまに親しくしていただきたい）。

この詩の接輿も、楚狂接輿のイメージⅢ類とⅣ類を併せたもの。成都に帰った杜甫は、この年の六月に厳武の推薦で節度参謀・検校工部員外郎になるが、翌年の正月には官を辞し、五月に長江を下りはじめ、忠州、夔州に滞在しつつ、五十七歳の春に江陵に到着した。その年の夏の「遣悶」（五言古詩）では、そのころの自分を楚狂接輿のようだ、といっている。

依　著　如　秦　贅　　依著《いちやく》するは秦贅《しんぜい》の如く

過　逢　類　楚　狂　　過逢《かほう》は楚狂に類す

（放浪生活を）他人によりすがっていることは秦の入り婿のようであり、（志を遂げようと）他人を訪ねて逢うことは場違いもかまわずしゃしゃり出る楚狂接輿のようだ。

楚狂は、楚狂接輿のイメージⅡ類の、場違いの所も顧みずしゃしゃり出て志を遂げようとする楚狂接輿。杜甫の志は、詩文の才能を認めてもらい天子様のおそばで経世済民のお役に立ちたい、というものであり、放浪の旅を続ける杜甫が、各地で知人友人を相手の都合も顧みずに敢えて訪問し面会を求めてその志を述べることをいう。実際は生活の援助や都に帰る支援を頼むために次々と訪問する側面が多いので、この句の真意はそのジレンマからくる嘆きである。秦贅は、入り婿になること。「秦の人は、家が富裕ならば成人した息子は分家し、貧困ならば出て妻の家の婿に入る」（『漢書』賈誼伝）とあり、秦の国から興った風習なので秦贅（婿）という。詩題の「遣悶」は、胸の中の悶えを払うという意味。

盛唐の詩に於いて楚狂接輿には、初唐のころに形成されたイメージⅠ類、Ⅱ類、Ⅲ類と王維が開発したイメージⅣ類の四種類のイメージが出そろい、「狂歌」の語は楚狂接輿の歌の意味と楚狂接輿の代名詞で用いられるようになった。これらを詩材として詠いこむことにより、在野の者は筆禍を避けつつただ空しく無位無官でいるのではない、という矜持や志向、処世観を示すことができるし、在職していても左遷や失脚、卑官の人は政治への不満或は自分の立場を正当化した表現ができる。安祿山の乱の後の不安定な世で、また科挙の試験が難関になるにつれて、楚狂接輿のこれらのイメージと「狂歌」は、詩人たちにとってまことに使い勝手のよい詩の素材となったのである。

中唐になると、それまでの貴族中心の門閥体制がくずれ、科挙の試験に合格した新興官僚が勢力を伸ばした。朝廷では実力で地位を得たかれらと門閥にたよる旧官僚と、横暴を極める宦官とがそれぞれ派閥をつくり、天子をかついで激しい勢力争いや党争を繰り広げた。中唐のおもな詩人の多くは科挙に合格した新興官僚なので、かれらの詩には役人人生の栄辱、哀歓、出世や権勢、超俗や隠逸などの感慨が実感をともなって詠われている。とりわけ白楽天の後半生に接輿の歌「狂歌」が処世の指針となっていたことが注目されるので、つぎに白楽天の詩を中心に中唐の詩をみる。

第二節　中唐の詩にみる狂歌と楚狂接輿――白楽天の狂歌について

中唐の詩においても、社交の詩ではやはり楚狂接輿のイメージⅠ類の用例が見られる。たとえば権徳輿（七五八～八一八）の「邵端公の林亭に題す」（五言律詩）に次のようにある。

更置盈樽酒　更に樽に盈つる酒を置き
時時酔楚狂　時時楚狂を酔わす

（林亭の美しい春景色を十分堪能させていただきましたが邵侍御史様は）更に酒樽になみなみと酒を満たした宴会まで開き、場違いも顧みずしゃしゃり出た楚狂接輿のような私をいつもながら酔わせてくださる。

楚狂は、楚狂接輿。邵侍御史の立派な御屋敷の林亭での宴会に招かれている自分を、楚狂接輿のような私、と謙遜した表現をしている。詩の題の邵端公は、未詳。端公は侍御史の異称。権徳輿は、若くして文章の見事さを杜佑に認められ、徳宗に召されて太常博士となり大活躍して、憲宗の時には宰相にまで出世するが失脚と復活を繰り返し、山南西道節度使に左遷された時に病を理由に辞職し、帰郷の途次六十歳で亡くなった。失脚した時期の「非を知る」（五言絶句）では、狂歌の語を用いて自分の処世を次のように述べている。

名教自可楽　名教《めいきょう》自ら楽しむ可し
縉紳貴行道　縉紳 行道を貴ぶ
何必学狂歌　何ぞ必ずしも狂歌を学ばん
深山対豊草　深山豊草に対す

晋の楽広も言っているではないか、名教（名分を正して秩序を保つ儒教の教え）にも楽しむべき所があると、高位高官の者は道を実践することをこそ貴ぶのだ、どうして楚狂接輿が佯狂してまでしゃしゃり出て政治批判の歌を歌い、志を遂げたまねをする必要があろうか、深山は豊草（天子の恩沢をうける徳行ある諸侯）と向かい合っている。

狂歌は、ここは楚狂接輿のイメージⅡ類。政治的野心を遂げようと、朝廷の派閥闘争の中に敢えて進み出る生き方をいう。豊草は、『詩経』小雅・湛露の「湛湛たる露は、彼の豊草に在り」を踏まえ、徳行ある諸侯を比喩する。湛露は天子の恩沢。詩題の「非を知る」は、孔子に君子だと称賛された蘧伯玉の「年五十にして四十九年の非を知る」（『淮南子』原道訓）を踏まえる。

中唐を代表する詩人白楽天（七七二～八四六）は、唐代では稀な七十五歳という長寿を記録し、作品数も約二千八百首と最も多く残した。狂歌の語や楚狂接輿に仮託する表現も他の詩人よりも多いが、時期的には江州司馬に左遷されて以後、特に閑職の太子賓客となって（五十八歳）洛陽に分司してから亡くなるまでの洛陽での作品に多く見られ、楚狂接輿や接輿の歌、狂歌がエリート官僚の閑職に甘んじて世を韜晦する処世の指針、心の支えになっていたことが窺われる。陶淵明が田園に隠棲する理由に、楚狂接輿の歌の意味を悟ったから（「帰去来の辞」）と詠った心境に通ずるが、白楽天は辞職していない。故郷に園田や荘園を所有する貴族ではなく、封給で暮らす官僚だから辞職できない事情もあったのだが、洛陽で閑職に就くというかたちで「世を避け」たのである。そして党争の激しい「乱世」を洛陽で生き抜き、七十一歳で刑部尚書（法務大臣）をもって無事に致仕（退職）し、余生もしっかり楽しみ、死後には尚書右僕射（従二品）を贈られた。白楽天が楚狂接輿や接輿の歌をどのように理解して、処世の指針としていたか、若いころの作品から見てゆくことにする。先ず、三十九歳、長安で京兆戸曹参軍、翰林学士をしていたころの「酒を勧めて元九に寄す」（五言古詩）に、狂歌の語を次のように用いている。

…………

俗号消愁薬　　俗に消愁薬《しょうしゅうやく》と号し

神速無以加　　神速以て加うる無し

一杯駆世慮　一杯世慮を駆り
二杯反天和　二杯天和を反《かえ》す
三杯即酩酊　三杯即ち酩酊し
或笑任狂歌　或いは笑って狂歌に任す
陶陶復兀兀　陶陶復た兀兀《こつこつ》
吾孰知其他　吾《われ》孰《な》んぞ其の他を知らん

（美酒は）俗にいう愁いを消す妙薬で、即効性がある。一杯で世の煩いを一掃し、二杯で調和を得た自然の道に帰ることができ、三杯飲めば陶酔境に入るか、或は（無念無想の楚狂接輿のように）げらげら笑って狂歌するようになり、陶然としてまたぼうっとして、世間のことなぞすべて忘れてしまう。

狂歌は、楚狂接輿の歌（政治に参加することを戒め隠逸をすすめる歌）。「笑って狂歌に任す」というのは、楚狂接輿のイメージⅣ類の何も考えない無念無想の笑い。詩題の元九は、元稹（七七九～八三一）。白楽天より七歳年下だが科挙の試験に同期に合格した無二の親友で、若いころは一緒に正義感あふれる諷諭詩を作った。元稹はこの詩が書かれる前年に妻を亡くし、さらに大物宦官と喧嘩をして江陵士曹に左遷されていたが、超俗の境地になれるという仏教にも仙人修行にも興味がなかった。それで白楽天が元稹は俗世の愁いが多いだろうと心配して、お酒は愁いを消す妙薬だから飲んで、笑って楚狂接輿の歌の意味を理解しろと忠告しているのである。狂歌して俗世の愁いを消す法は白楽天自身にも適用している。四十四歳、江州司馬に左遷された時の「強酒」詩に次のように詠じている。

若不坐禅銷妄想　　若《も》し坐禅して妄想を銷せずんば
即須吟酔放狂歌　　即ち須《すべか》らく吟酔して狂歌を放《ほしいまま》にすべし
不然秋月春風夜　　然《しか》らずんば秋月春風の夜
争那間思往事何　　争《いか》でか間に往事を思うを那何《いかん》せん

もし座禅をしても俗世の愁いを消せないなら、酔っ払って陶酔境でほしいままに狂歌する（楚狂接輿の歌を歌う）しかない。さもなければ、美しい秋月や心地よい春風の夜に、どうやって過ぎ去った昔の事柄を追憶しての愁いを消せるだろうか。

妄想は俗世の愁い。坐禅しても俗世の愁いを消せないなら、酒を飲んで狂歌する、つまり楚狂接輿の歌の意味を悟るのだ。そして陶酔境に入り無念無想の接輿の境地になれば俗世の愁いも消える、という。五十五歳、蘇州刺史の時、落馬して足を怪我し、眼病も治癒しないので病をもって免官、洛陽へ帰った。その途中の作品「有感」其三でも、次のように楚狂接輿や狂歌を詠って「俗世の愁い」を消すのだといっている。

往事勿追思　往事を追思する勿れ
追思多悲愴　追思すれば悲愴多し
来事勿相迎　来事を相い迎うる勿れ
相迎亦惆悵　相い迎うれば亦た惆悵す
…………　……中略
忘懐任行止　懐を忘れ行止に任せ
委命随修短　命に委ねて修短に随う
更若有興来　更に若し興の来る有れば
狂歌酒一盞　狂歌　酒一盞

過ぎ去ったことを追い求めて考えるな、悲しみ傷つくことがおおいから。未来のことを予測するな、悲しみが増すから。……心の中の思いを忘れて行くも止まるも天に任せ、寿命の長短は天命に委ねておく。さらに興が湧いてきたら、酒を飲み 楚狂接輿の歌を歌うのだ。

最初の四句は、楚狂接輿が孔子に歌いながら言った「往《い》く者は諫《いさ》むべからず、来たる者は猶《な》お追うべし、已《や》みなん已《や》みなん、今の政《せい》に従う者は殆《あや》うし」（『論語』微子篇）を意識するが、白楽天は、未来も考えるな、と言っている。中略した部分には、よく寝てしっかり食事をとり摂生するべきだ、とある。行止は、行くも止まるも天がそうさせるので人間の力の及ぶものではない（『孟子』梁恵王下）を踏まえ、蘇州から洛陽に帰ることになったのも、天がそうさせるのだ、という。対になっている句は、陶淵明の「帰去来の辞」の「聊《いささ》か化に乗じて以て尽くるに帰し、夫《か》の天命を楽しみて復た奚《なに》をか疑わん」を意識する。天命に従い自然のなりゆきにまかせて生きようという気持ちになり、更に興が湧いて来たら、酒を飲んで無念無想の陶酔境に入り、楚狂接輿の歌の意味を悟り、納得するのだ、という。酒と狂歌が俗世の愁いを消す妙薬だということは、六十九歳、洛陽で太子少傅分司の職にある時の「春晩詠懐、皇甫朗之に贈る」詩でも言っている。

頼有銷憂治悶薬　頼《さいわ》いに憂を銷し悶を治める薬有り
君家醲酎我狂歌　君が家の醲酎《じょうちゅう》と我が狂歌

幸いに心配や悩み苦しむ気分を消す薬がある、それは君の家で作った醲酎（濃厚な味の酒）と我が狂歌だ（楚狂接輿の歌、政治に参加することを戒め隠逸をすすめる歌）。

白楽天は蘇州から戻った翌年に秘書監を授けられ、さらに刑部侍郎になり長安にいたが、党争を避けて、五十八歳の三月に閑職の太子賓客分司となって洛陽の履道里に移り住み、以後十八年間河南尹、太子少傅を歴任しつつ洛陽で半ば隠居暮しの生涯を送った。白楽天のキャリアからいえば、宰相の地位さえ手に入るのにそれに背を向けて、洛陽に隠棲するような形で移ったのだから、当時の感覚では異端、「狂」なる処世といえる。履道里に住み始めた六十歳ころの作「吾土」（七言律詩）で、自分の処世を楚狂接輿に仮託して次のように表明している。

身心安処為吾土　身心安き処吾が土為《な》り
豈限長安与洛陽　豈に長安と洛陽とに限らんや
水竹花前謀活計　水竹花前　活計を謀り
琴詩酒裏到家郷　琴詩酒裏《り》　家郷に到る
栄先生老何妨楽　栄先生老いたるも何ぞ楽しみを妨げん
楚接輿歌未必狂　楚接輿歌うも未だ必ずしも狂せず
不用将金買荘宅　金を将《もっ》て荘宅を買うを用いず
城東無主是春光　城東主《あるじ》無く是れ春光

身心の安泰を得られる処が私の故郷であり、長安とか洛陽に限ることはない。水辺や竹林、花の前で生計を立て、琴や詩、酒の趣の中を我が家とするのだ（風流三昧に暮らす）。老いたけれども栄啓期の楽しみがあるし、楚の接輿のように歌うがまだ完全には狂の世界に入っていない（全くの無位無官ではないが閑職なので隠居状態、暇も封給もある）。お金を出して大邸宅を買わなくても、洛陽の城東には主人不在の大邸宅があり桃や李の花の美しい春景色が満ち溢れている（ここで自由気ままな私は春景色を楽しめる）。

楚接輿の句は、楚狂接輿のイメージⅣ類を意識し、太子賓客分司の職に在るのでまだ楚狂接輿のように完全には無位無官ではない、でも実際は閑職で隠居状態なので、貧乏だけれども何物にも拘束されず自由気ままに暮らせる環境なのだという。対になっている栄先生は、古代の隠者の栄啓期。「孔子が泰山で鹿の裘に縄を帯にして、琴を鼓して歌う隠者の栄啓期を見て、何を楽しみとしているか聞くと、人として生まれ、また男として生まれ、九十歳の長寿を得た、この三つを楽しみとしていると答えた」（『列子』天瑞）を踏まえる。栄啓期の楽しみとは、普通は三楽、人間、男、長寿であることの三つを指す。ただ白楽天は、栄啓期の楽しみを長寿とともに琴の楽しみの意味を含めて用いる場合が多い。例えば「北窓三友」詩（六十二歳の作）では、栄啓期を琴のお師匠様としている。

嗜詩有淵明　詩を嗜む淵明有り
嗜琴有啓期　琴を嗜む啓期有り

嗜酒有伯倫　酒を嗜む伯倫有り
三人皆吾師　三人皆吾が師なり

詩を好む者に陶淵明がいて、琴を好む者に栄啓期がいて、酒を好む者に伯倫（劉伶）がいる。この三人は皆私のお師匠様だ。

伯倫は、竹林の七賢の一人、劉伶の字。酒好きで放達を縦にして、いつも御供の者に酒樽と鍤《すき》を担がせ、酒に酔った私が死んだらそこに埋めるように言いつけ、「酒徳令」を書いた。「洛陽に愚叟有り」詩（六十三歳の作）では、琴の楽しみを栄啓期の楽しみといっている。

抱琴栄啓楽　琴を抱き栄啓の楽しみあり
荷鍤劉伶達　鍤《すき》を荷いて劉伶の達あり

琴を抱いて栄啓期のように（長生きして風流三昧の暮らしを）楽しみ、鍤《すき》を担がせて（酒を飲み）劉伶のように放達（自由気ままに）する。

栄啓期を長寿で琴を楽しむ隠者と見る発想は、陶淵明の「貧士を詠ずる詩」其三にすでに見られる。

栄叟老帯索　栄叟老いて索《なわ》を帯にし
欣然方弾琴　欣然として方《まさ》に琴を弾ず

栄老人（栄啓期）は年老いて縄を帯のかわりにして、楽しそうに琴を弾いていたという。

白楽天は「琴酒」詩（六十二歳の作）で、栄啓期に酒の楽しみを分からせたら三楽といわずに四楽というのに、とさえいっている。

若使啓期兼解酔　若《も》し啓期をして兼ねて酔を解せしめば
応言四楽不言三　応《まさ》に四楽と言うべし三と言わざらん

栄啓期に（琴の他に）酒の味わいも理解させることができたら、三楽と言わずに四楽と言ったはずだ。

「琴酒詩棋（いご）」は文人の風流の具なので、白楽天の詩においては、栄啓期の句はただ長生きするだけでなく風流三昧の暮らしを楽しむことも含む。最後の句の城東の邸宅は、初唐の劉希夷の「白頭を悲しむ翁に代わる」詩の「洛陽城東桃李の風、飛び来り飛び去って誰が家にか落つ」の句を意識したもの。主人不在の大邸宅は、栄達し権勢を誇って失脚、左遷された或は罪を得て老年になっても帰宅できない官僚

（の家）を象徴する。隠居状態で自由気ままに暮らす白楽天はそこで春景色を堪能できるのである。詩題の吾土は、故郷。魏の王粲が長安の乱を避けて荊州にいた時の名作「登楼賦」の「（楼から眺める荊州の風景は）信《まこと》に美なると雖《いえど》も吾が土（故郷）に非ず、曾《すなわ》ち何ぞ以て少留するに足らん」を捩った。

履道里に住んで五年が経った（六十三歳）ころの詩「履道居」其三では、自分を「狂歌客」だとして、世間一般の人生には苦しい時と楽しい時が連なるが、自分は楽しい時ばかりだ、と満足そうにいっている。

世事平分衆所知　世事の平分は衆の知る所
何嘗苦楽不相随　何ぞ嘗て苦楽相い随わざらん
唯余耽酒狂歌客　唯だ余す耽酒　狂歌の客
只有楽時無苦時　只だ楽しむ時有りて　苦しむ時無し

世間の出来事が公平だということは皆の知っている通り、（世間にいれば）苦しいことと楽しいことが続いて次々と付いてくるもの。ただ酒に耽る狂歌客（白楽天）だけは例外で、楽しい時だけ有って苦しむ時は無い。

この詩の「狂歌客」は、字面は初唐の褚遂良が使い始めた楚狂接輿のイメージⅠを踏襲し、場違いも顧みずに官界に籍を置く者、また洛陽という由緒ある街にしゃしゃり出て詩を作る者を意味する。しかし白楽天は狂歌を楚狂接輿の歌の意味で使う場合も多いので、白楽天の狂歌客は、楚狂接輿の歌の意味を悟り実践している者、ということになる。苦時については「履道居」詩の其一で、大邸宅なのに主人が老年になっても帰宅しない空き家がある、と富貴に任せて権勢を貪り、罪を得た人を想像して苦時の例に挙げている。

莫嫌地窄林亭小　　嫌う莫れ地窄く　林亭の小なるを
莫厭貧家活計微　　厭う莫れ貧家　活計の微なるを
大有高門鎖寛宅　　大いに高門鎖寛《さくかん》の宅有り
主人到老不曾帰　　主人老《お》いに到るまで曾て帰らず

（我が履道里の居宅は）地は狭く林亭は小さく貧家の生計はわずかなものだが嫌悪するに足らない。高大な門構えなのに鍵が緩んでいる邸宅がある、ここの主人は（富貴で権勢に任せて罪を得て）老年になるまで自分の大邸宅に帰ったことがないのだ（その苦しみの時と比べたら私の楽しい時ばかりの暮らしはどれほどよいか）。

俗世間の栄名や権勢を追った人が陥る「苦時」と狂歌客として得られる「楽時」については、「皇甫十に問う」（六十八歳の作）詩でも述べている。

苦楽心由我　苦楽の心は我に由《よ》り
窮通命任他　窮通の命《めい》は他に任す
坐傾張翰酒　坐して傾く張翰の酒
行唱接輿歌　行きて唱う接輿の歌
栄盛傍看好　栄盛は傍看《ぼうかん》好く
優閒自適多　優閒は自適多し
知君能断事　知る君が能く事を断ずるを
勝負両如何　勝負両《ふたつ》ながら如何《いかん》

苦時と楽時は自分の心懸けにより得られ、困窮や立身出世のめぐりあわせは他人任せのもの、だから私は坐しては洛陽に勤務した張翰に倣って酒を傾け、行動では接輿の歌を実践している（楽時を得ている）。栄盛（栄枯盛衰の栄と盛）は傍から見れば好いものだし、優閒（ゆったりと暇がある）は心に適うことが多い。君は判断力があるから尋ねるが、（栄盛と優閒の）二つはどちらが勝っているかしら。

この詩では白楽天が実践している「楽時」を得る処世法を、楚狂接輿と張翰を対句にして説明している。
張翰は西晋時代、呉郡呉の人。呉の滅亡後、洛陽に行き斉王司馬冏に仕えたが、自由気ままに振る舞い、死後の名声よりも今一杯の酒のほうがいいと酒を楽しみ当時の人に「江南の阮籍」といわれた（『世説新語』任誕）。また秋風が吹くのを感じて故郷呉の名物蓴采《じゅんさい》の羹《あつもの》と鱸魚《ろぎょ》の膾《なます》が懐かしくなり「人生は心に適った暮らしが一番よい、数千里も離れた他郷で官位に縛られた地位や名声にかまっておられようか」と即日官を辞めて帰郷した。間もなく八王の乱が起こり、斉王司馬冏が敗れたので人々は見る目があるといった（『世説新語』識鑒）。張翰の句は、官職や名声にとらわれず酒を飲んで自由気ままに心に適った暮らしをして、乱世の抗争に巻き込まれない生き方をいう。接輿の歌は、狂歌。政治に参加するのは危ないから隠者になれ、と勧めた歌。詩題の皇甫十は、皇甫曙、沢州刺史を辞めて洛陽で河南少尹に任ぜられていた。洛陽に勤務する皇甫曙に、張翰の生き方や接輿の歌の意味を理解し実践するがよい、と勧めているのである。俗世間の栄名や権勢を追って「苦時」に陥った人への思いを詠った詩がある。「履道居」詩が書かれたのと同じころの「平泉に酔うて遊ぶ」詩（六十三歳の作）である。

狂　歌　箕　踞　酒　樽　前　　狂歌箕踞す酒樽の前
眼　不　看　人　面　向　天　　眼は人を看ず面は天に向かう
洛　客　最　間　唯　有　我　　洛客最も間なるは唯だ我有るのみ、
一　年　四　度　到　平　泉　　一年四度　平泉に到る

（私は）酒樽の前で楚狂接輿の歌を歌い阮籍を気取って箕踞（両足を投げ出して坐る）して、眼は俗人を見ず顔は天を仰いでいる。洛陽在住者の中で一番ゆったりと暇がある者は私だ、だから一年に四回も平泉に（遊びに）来る（ここの主人李徳裕は一度も戻れないのに）。

詩の題の平泉は、平泉荘。旧官僚派の代表李徳裕（七八七〜八四九）の別荘で、洛陽の伊闕の南三十里にあり、周囲は十里、清流と珍しい草木や立派な物見台や高殿を構え、仙人世界の御屋敷のようだといわれていた。李徳裕は「出仕する前は平泉荘で学問し、役人になってからは勤務に専念して三十年間再遊することはなかったが、平泉荘を懐かしみ幾首も詩を書いて寄せ、庭の石に刻ませた」（『旧唐書』李徳裕伝）とある。宰相李吉甫の子で、李徳裕自身も宰相になり位人臣を極め、治績も上げたが牛僧孺を代表とする新興官僚派との政権争い「牛・李の戦い」の旗頭として政敵も多く、人に憎まれ、最後は海南島に流され死んだ。この詩が書かれた年の十月には、牛派の李宗閔に敗れ、山南西道節度使に左遷されている。箕踞は、両足を投げ出した坐り方。竹林の七賢人の一人阮籍が、母親の亡くなった時に弔問客に対して「散髪箕踞」して迎えた故事を踏まえる。二句目の「眼は人を看ず」は、阮籍が自分の気に入らぬ俗物には白眼をむいて応対したという故事を意識しよう。魏晋の乱世を「方外の士」として生き抜いた阮籍と、楚狂接輿の歌を隠逸生活の指針としていた陶淵明の処世、彼らに倣って狂歌（楚狂接輿の歌）を実践し、張翰のように官職や名声にとらわれない生き方をしている白楽天は、一年に四回も平泉荘に遊びに来られるのである。酒樽を前に、素敵な大邸宅を構えても党争の挙句に左遷されて不在の主人李徳裕へ感慨はより深いものがあったと思われる。「牛・李の戦い」のもう一方の旗頭、牛僧孺とは洛陽で詩の仲間として交際しているが、やはり栄啓期と楚狂接輿の対句を用いて自分の立ち位置を表明している。例えば白楽天の晩年の親友劉禹錫と牛僧孺に宛てた五言古詩「洛中に分司し暇《いとま》多し。数《しば》しば諸客と宴遊す。酔後狂吟し偶たま十韻を成す。因りて夢得《ぼうとく》賓客（劉禹錫）を招き、兼ねて思黯《しあん》奇章公（牛僧孺）に呈す」（六十六歳の作）につぎのようにある。

性与時相遠　　性と時と相い遠く
身将世両忘　　身と世と両《ふたつ》ながら忘る
…………
数数遊何爽　　数数《さくさく》遊ぶこと何ぞ爽《たが》わん
些些病未妨　　些些《ささ》病むも未だ妨げず
天教栄啓楽　　天は栄啓をして楽しませ
人恕接輿狂　　人は接輿の狂を恕《ゆる》す
改業為逋客　　業を改め逋客と為り
移家住酔郷　　家を移して酔郷に住む
不論招夢得　　夢得を招くを論ぜず

兼擬誘奇章　兼ねて奇章を誘わんと擬す
要路風波険　要路は風波険に
権門市井忙　権門は市井忙し
世間無可恋　世間に恋うべきこと無し
不是不思量　是れ思量せずんばあらず

我が本性と時勢とは遠くかけ離れ、我が身と世間は互いに忘れてしまった。……（だから私が）しばしば遊楽しても差し障りは無いし、少しの病は遊ぶ妨げにはならない。天は私を栄啓期のように楽しませ、人は私の楚狂接輿のような狂ぶりを大目に見てくれる、それで生業を改めて俗世間を離れた隠者になり、陶酔境に住んでいる。ここに劉禹錫を招くことは言うに及ばず奇章公（牛僧孺）までお誘いしようと思う。重要な地位にいれば危険も多いし、権力を持つ家では朝廷の官僚との交際が忙しいであろう。しかし俗世間には心魅かれることなど何もないのだよ、このことをよく考えるべきだ（私の所に遊びにおいで）。

この詩の栄啓期の楽しみは、風流三昧の暮らしを楽しむ意味のほかに、長寿を楽しむ、つまり「その身を全うする」ことをいい、接輿の狂は、楚狂接輿のイメージⅣ類を用いて「方外」に遊ぶことをいう。「狂者は罪せられず、殺されず」という観念が継承されていることを踏まえての狂ぶりであり、楚狂接輿に仮託して世を韜晦する処世をいう。要路の句に官界つまり俗世間は、危険が多く忙しいばかりでなにも魅力は無い、という白楽天の見方が示されている。詩題の夢得賓客は、劉禹錫（七七二～八四二）、夢得は字。白楽天とは同い年だが白楽天より早く科挙の試験に合格して、永貞元年（八〇五）に王叔文らと政治改革を企てたが旧官僚派の巻き返しにあい失脚、朗州（湖南省常徳）司馬に左遷された。この時に八人が地方の司馬に出されたので「永貞の八司馬」という。十年後、都に戻されるもすぐにまた連州（広東省）刺史に左遷され、十年余り地方官暮らしをして、中年を過ぎて蘇州刺史になり、この詩が書かれた八三七年は、太子賓客として洛陽に住んでいた。思黯は、牛僧孺（七七九～八四七）の字、奇章公はその封爵。中唐の大物政治家で新興官僚派の中心として何度か宰相にもなり、旧官僚派の李徳裕と対立して「牛・李の党争」を激しく展開した。ただ八三四年の甘露の変の後、朝廷の中は紊乱をきわめており、この詩が書かれたころは東都留守となり洛陽に住んでいた。この時期、白楽天は牛僧孺と「狂」について詩の応酬をしている。「思黯（牛僧孺）に酬いて戯れに贈る」という詩があるが、白楽天の自註によれば、まず牛僧孺から、「自分は鍾乳（強壮剤）を沢山服用して元気はつらつで、贅沢な金釵（かんざし）を挿す美妓も大勢抱えているが、白楽天はやせ衰え老いている」と、白楽天をからかった詩が届いたとある。それに次のよう答えて贈った。

鍾乳三千両　　鍾乳三千両

金釵十二行　金釵十二行《ぎよう》
妬他心似火　他を妬みて心火に似たり
欺我鬢如霜　我を欺く鬢霜の如しと
慰老資歌笑　老を慰むは歌笑に資《よ》り
銷愁仰酒漿　愁を銷《け》して酒漿を仰ぐ
眼看狂不得　眼《まのあた》りに看る狂し得ざるを
狂得且須狂　狂し得ば且つ須《すべか》らく狂すべし

（牛僧孺は）鍾乳を三千両も服用し、金釵十二本もかざした美妓（或は美妓が十二人もいること）を自慢する、私の牛僧孺への嫉妬心は烈火のごとくであり、牛僧孺は私の鬢を霜のようだと侮る。しかし私は楚狂接輿の歌と笑いで老いを慰め、酒を飲み俗世の愁いを消しているのだ。見たところ君は楚狂接輿の「狂」の世界に入れないようだね、入れるものならばまあこの「狂」の世界に入るべきだよ。

この詩でいう「狂」は、楚狂接輿のイメージⅣ類の無位無官、自由気ままで何物にも拘束されない方外の世界。俗臭の抜けない牛僧孺をからかいつつ、政治の世界から足を洗い俗世を超越しろと忠告している。

この詩に対して牛僧孺から、「私はあなたが狂の世界に入れないというのではない、あなたが私に逢っても私を狂の世界に入らせることが出来ないのが残念だ」という絶句が届いた。それで白楽天は「又戯れに絶句に答える」詩を書いた。

狂夫与我世相忘
故態些些亦不妨
縦酒放歌聊自楽
接輿争解教人狂

狂夫我世《わがよ》と相い忘れ
故態些些たるも亦た妨げず
酒を縦にし歌を放《ほしいまま》にし聊《いささ》か自ら楽しむ
接輿争《いか》でか解《よ》く人をして狂せしめん

狂夫である私は「狂」の世界にいて私の肉体がいる世間とは無縁である、だから少しばかりいつもの癖の狂ぶりを発揮しても差し支えないのだ、酒を飲みたいだけ飲み、楚狂接輿の歌を歌いたいだけ歌いまあまあ自分で楽しんでいる。接輿のような私がどうして世間にいる人を「狂」の世界に入らせることが出来ましょうか。

故態は、いつもの癖。後漢の厳光が、劉秀（光武帝）の出仕要請を断り「狂奴故態」といわれつつも故郷に閉じこもり仕えなかった故事を踏まえる。戯れに贈った詩であるが、大物政治家である牛僧孺とは別世界にいると、つまり牛僧孺を補佐して中央政界で宮仕えする気持ちはない、と一線を画しているのである。

牛僧孺は、「……見識、度量が広く、心を事外におき、些細なことは気にせず、洛陽の帰仁里に邸宅を築き、淮南に赴任していた時の嘉木怪石を階段の前庭に置き、屋敷は清らかで華やかで、竹林や木々は奥深く静かに茂り、いつも詩人の白楽天とそこで吟詠し、二度と（政権を）追い求める懐いは無かった」（『旧唐書』牛僧孺伝）とあり、実際そうしたのだが、朝廷からはお召の詔勅が何度も伝えられていた。なお白楽天は元和の初め、牛僧孺が制策に応じた時の試験官だったので、牛僧孺を我が門下生と称することもある。牛僧孺が宰相を辞めて（失脚して）淮南節度使（楊州刺史）に赴任する途中、洛陽に立ち寄った時の送別会での詩「洛下にて牛相公の出でて淮南に鎮たるを送る」（五言古詩、六十一歳）で、相公（宰相）と将軍職（淮南節度使）を歴任する牛僧孺を、我が誉れの門下生といって励ましている。

闔外君彌重　　闔《こん》外君彌《いよい》よ重く
樽前我亦栄　　樽前我亦た栄とす
何須身自得　　何ぞ須《もち》いん身自《みず》から得るを
将相是門生　　将相是れ門生

宮城の外でも（淮南で将軍となる）君の存在はいよいよ重んじられ、送別の宴の酒樽の前で私は君を光栄におもう、私自身が将軍や宰相になることなぞない、門下生の君がなったのだから（自分のことのように嬉しい）。

五年後に牛僧孺が淮南節度使（楊州刺史）を罷めて東都留守となり洛陽に来たばかりのころの詩では、「狂」の世界を堪能している劉禹錫と私を、見下げた奴だと侮ってはいけないよ、といっている。「夢得（劉禹錫）と同じく牛相公が初めて洛中に到り小飲して贈られしに酬ゆ」（七言律詩　六十六歳）に、次のようにある。

淮　南　揮　手　抛　紅　旆　　淮南に手を揮い紅旆を抛《なげう》ち
洛　下　廻　頭　向　白　雲　　洛下に頭を廻らして白雲に向かう
…………
詩　酒　放　狂　猶　得　在　　詩酒放狂　猶お在るを得たり
莫　欺　白　叟　与　劉　君　　欺く莫れ白叟と劉君と

（牛僧孺）は淮南に紅旆（藩鎮の印のはた）を捨て、洛陽の白雲（清らかな世界、閑職に就くこと）の中に来られた。……（洛陽で私は）相変わらず詩やお酒を楽しみ自由気ままな「狂」ぶりを堪能していますが、そんな我ら老人白楽天と劉禹錫を侮らないでください。

このころ白楽天は劉禹錫と一緒に若い者に交じって酒盛りや花見、舟遊びを縦にして狂ぶりをさかんに発揮していた。そしてそんな二人を世間の人が「劉白二狂翁」と言いたてている、と嬉しそうに「夢得（劉禹錫）に贈る」（七言律詩　六十六歳）に書いている。

年顔老少与君同　年顔老少君と同じく
眼未全昏耳未聾　眼未だ全く昏からず耳未だ聾せず
放酔臥為春日伴　酔を放《ほしいまま》にして臥して春日の伴と為り
趁歓行入少年叢　歓を趁《お》い行きて少年の叢に入る
尋花借馬煩川守　花を尋ねて馬を借り　川守を煩わせ
弄水偸船悩令公　水を弄して船を偸み　令公を悩ます
聞道洛城人尽怪　聞道《きくなら》く洛城の人　尽《ことごと》く怪しみ
呼為劉白二狂翁　呼びて為す劉白二狂翁と

老いた顔つきも年齢も君と同じで、まだ目も見えるし耳も聞こえる、酔い潰れて一緒に寝込む春の遊びの連れであり、歓楽を追って一緒に若者の仲間入りもする。また花見には馬を借りて川守（水路を管理する役人）を困らせたり、水遊びには船を無断で乗り回して令公様（裴度）を心配させたりしている。聞けば洛陽の人はみな（そういった行動をする）私たちを変な奴と怪しみ、劉・白二狂翁と言い立てているそうだ。

川守を困らせたり、令公（裴度）を悩ませたりしているということからも、白楽天の「狂」ぶりは自己演出のパフォーマンスの気味があると分かる。白楽天が劉禹錫と一緒に悩ませた令公とは、裴度（七六五〜八三九）。唐の長老政治家で長い間憲宗、文宗の宰相を務め、文宗（八二六〜八三九在位）には特に厚く信任された。七十歳で致仕を願い出るも許されず、司徒兼侍中のまま閑職の東都留守となり洛陽に移り、白楽天、劉禹錫と一緒に風流三昧の暮らしを楽しんだ。『旧唐書』裴度伝に次のようにある。

洛陽の集賢里に、山を築き池を穿ち、山側には竹林や木々がむらがり、池のほとりには風亭や水榭があり、橋が島や小島を結び都城の勝概を極む、と称される大邸宅を構え、さらに午橋に、花の咲く木が一万本も植えてある中に涼台暑館を備えた緑野堂という別荘を作り、裴度は仕事の合間に詩人の白居易、劉禹錫と終日思うままに宴会し、高歌放言し、詩酒琴書を楽しみ、当時の名士は皆この遊びに従った。文宗は洛陽から戻る人が有るたびに、必ず先ず君は裴度に会ったかねと質問した。

「夢得に贈る」詩が書かれたころ、裴度は七十二歳ながら文宗の命令で北都留守（山西省大原）を奉じて洛陽に不在であった。白楽天の狂ぶりが自己演出のパフォーマンスであることは、北都の裴度に寄せた「令公が南荘の花柳正に盛りなり、一賞を偸まんと欲して先ず二篇を寄す」其二（六十六歳の作）からも窺える。南荘は、緑野堂。

可惜亭台閑度日　惜む可し亭台閑に日を度るを
欲偸風景暫遊春　風景を偸みて暫らく春に遊ばんと欲す
只愁花裏鶯饒舌　只だ愁う花裏の鶯の饒舌
飛入宮城報主人　飛んで宮城に入りて主人に報ぜんことを

素敵な南荘の亭台がしんと静かに日を過ごすしているのはまことに惜しむべきことであるから、私はこっそりと入り込んで春の風景を遊賞しようと思う。ただ心配なのはおしゃべり鶯が宮城に飛んで行き、ご主人様に告げ口するのではないかということ。

裴度不在の名園で花見をするとおしゃべり鶯が宮城に告げ口する、ということからも裴度のみならず宮中にまで白楽天の狂ぶりが伝わることを想定している、つまり狂ぶりを意図的にアピールしているのである。こっそり入り込んで、といっているがこの詩の其一に「社酒（春祭りの酒）を提《ひっさ》げ村妓（村の芸者衆）を携えんと擬す」とあり、鳴り物入りで繰り出すものであった。このような風流三昧の狂ぶりを喧伝する意図が、党争などに巻き込まれない用心であることは、唯一、心を許した劉禹錫に贈った次の詩からも明らかである。「晩夏閑居して絶えて賓客無し、夢得を尋ねんとして先ず此詩を寄す」（六十七歳の作）で次のように言っている。

無人解相訪　人の解《よ》く相い訪う無し
有酒共誰傾　酒有るも誰と共にか傾けん
老更諳時事　老いて更に時事を諳《そら》んじ
閑多見物情　閑にして多く物情を見る
只応劉与白　只だ応に劉と白と
二叟自相迎　二叟自《みづか》ら相い迎うべし

（世俗とは無縁の世界にいるので）訪ねて来る人は無く、酒は有っても共に傾ける人は（劉禹錫以外）誰もいない。老いて更に一層我が世代の政界や政治状況の事がよく記憶され、暇なので多くの物事の実情を見てしまった。だから只だ劉禹錫と白楽天だけは、二人の老人同士で相い迎えあわねばならない（世俗の党争、紛乱に巻き込まれないために）。

この詩と同じ年の詩「自詠」詩（五言律詩　六十七歳）では、自らを狂老翁と称し、そんな私を屛風に描く物好きな人もいるそうだ、とその「狂」ぶりのパフォーマンスがかなり成功していることを喜んでいる。

臥疾瘦居士　疾に臥す瘦居士
行歌狂老翁　行歌す狂老翁

仍聞好事者　仍《な》お聞く好事の者

将我画屛風　我を将《も》って屛風に画くと

私は疾病に臥す痩せ居士（学徳はあるが仕官しない読書人）であり、楚狂接輿のように行歌する狂老翁である、世間の物好きがそんな私を屛風に描いたという噂をしきりに聞く。

白楽天は劉禹錫と一緒に狂ぶりのパフォーマンスを喧伝してともに無事に七十歳を迎えた。劉禹錫は間もなく亡くなってしまったが白楽天は七十一歳で、太子少傅を辞し、刑部尚書を以て致仕（退職）できた。党争に巻き込まれる心配はなくなり、狂ぶりを標榜したパフォーマンスが成功した処世に自信を深めている。それは退職して給料が半分になった白楽天の貧乏暮らしを心配して手紙を寄こした友人に答えた次の詩からも明らかである。「酔中に上都の親友の書を得たるに、予が俸を停められしこと多時なるを以て、貧乏を憂問す。偶たま酒興に乗じ、詠じて之に報ゆ」（五言古詩　七十一歳の作）。

頭白酔昏昏　頭白くして酔って昏昏たり

狂歌秋復春　狂歌す秋復た春

一生耽酒客　一生酒に耽《ふけ》る客

五度棄官人　五度《ごたび》官を棄てし人

異世陶元亮　　異世の陶元亮
前生劉伯倫　　前生の劉伯倫
…………
自能抛爵祿　　自《みずか》ら能く爵祿を抛《なげう》ち
終不悩交親　　終《つい》に交親を悩まさず
但得杯中淥　　但《た》だ杯中の淥《ろく》を得て
従生甑上塵　　甑上《そうじょう》の塵を生ずるに従《まか》す
煩君問生計　　君を煩し生計を問わしむれど
憂醒不憂貧　　醒を憂い貧を憂えず

私は白髪頭で意識朦朧と酔っ払い、楚狂接輿の歌を歌いながら秋また春と過ごす、一生酒にふけり五回も官を辞した、前世の陶淵明、劉伶の生まれ変わりのような者。……自分から爵位と俸祿を放棄したのだから、永遠に友人や親戚に迷惑をかけることはない。ただ盃に酒があればいいので、甑（こしき、炊飯の道具）に塵が積もろうとかまわない。君はわざわざ私の生計を心配してくれたが、私は酔いが醒めるのは憂えるが貧乏は憂えないのだ。

狂歌は、楚狂接輿の歌。五度棄官は、自註に「蘇州、刑部侍郎、河南尹、同州刺史、太子少傅、皆病を理由に免《まぬ》かれた」とあり、五十五歳の時に蘇州刺史を自ら辞めて以後の経歴をいう。このころから楚狂接輿の歌を実践しようと決意したことが窺える。貧を憂えずは、『論語』衛霊公「君子は道を憂えて貧を憂えず」を踏まえる。その処世が間違いではなかったと確信していることは、七十を過ぎた自らを狂翁と自称して、若者に我が「狂」ぶり人生のよさを喧伝している詩「贈諸少年」（七十二歳か七十三歳の作）からも窺える。この詩には「致仕して半俸を謂う也」という自註もある。

少年莫笑我蹉跎　　少年笑う莫れ我が蹉跎たるを
聴我狂翁一曲歌　　我が狂翁一曲の歌を聴け
入手栄名取雖少　　手に入る栄名は取ること少しと雖も
関心穏事得還多　　心に関する穏事は得ること還《さら》に多し
老慙退馬霑芻秣　　老いて慙ず退馬の芻秣《すうまつ》に霑うを
高喜帰鴻脱弋羅　　高く喜ぶ帰鴻の弋羅《よくら》を脱するを
官給俸銭天与寿　　官は俸銭を給し天は寿を与《あた》う
些些貧病奈吾何　　些些たる貧病　吾を奈何《いかん》せん

若者よ私が栄進しないことを笑ってはいけない、（楚狂接輿の歌の意味を理解し実践した）狂翁白楽天の歌を聞きなさい、私は手に入れた栄名は少ないけれども、心の安穏をより多く手に入れた。（自注、退職して半分の給料をもらうことは）老い衰えて役に立たない馬がまぐさを頂いているようで気恥ずかしいが、高く飛ぶ鳥がいぐるみや鳥網を脱したように世俗の災禍から免れたことを喜んでいる。官は俸銭を給付し天は長寿を付与してくれているのだから、少しくらいの貧乏や病気は私をどうにも出来ないのだ（私は無事に停年を迎えられたし、長寿も得ている、大満足の人生だ）。

白楽天は晩年には仏教への帰依も深めており、必ずしも「狂」ぶりのパフォーマンスだけが、七十五歳の天寿を全うできた理由ではないが、晩年になって党争に巻き込まれずに自由気ままに風流三昧、楽しく定年まで勤め上げ、詩人としても名声を得て満ち足りた気持ちで余生を送ることができた。その大きな要因としては、やはり「佯狂」という処世法を挙げることができよう。「佯狂」の先人阮籍は「方外の士」、陶淵明は田園で晴耕雨読する隠者詩人、といったようにその「佯狂」の処世法にそれぞれの生き方を加味している。白楽天の場合は、阮籍や陶淵明に倣いつつ楚狂接輿の歌の意味を理解し実践するとして、酒と自由気ままに関しては劉伶、長寿（その身を全うする）と風流三昧の暮らしは栄啓期、官職や名声にとらわれない（抗争や党争に巻き込まれない）ことは張翰と、彼らの生き方をお手本に加えてその「佯狂」ぶりをより豊饒で味わい深いものにした。酒に関しても、王維が開発した高い精神性を持つ楚狂接輿の酒に酔う姿を意識して、「俗世の愁いを忘れる妙薬」と位置づけ、阮籍の痛々しい飲み方、陶淵明のお酒が無いという嘆きもない。友人に関しても孤独ではなくその時々の親友がいた。官僚としても、憲宗の知遇を得ている時には、盛んに直言したし、杭州刺史の時には「堤防を築き西湖の水を堰き止め、田の灌漑用に役立て、古井戸六個もさらえて州民の飲み水用に大いに供した」(『新唐書』白居易伝)。エリート官僚であった白楽天が閑職に甘んじつつも当時としては異例な長命を記録し、詩人としても大成功した人生は、まことに「佯狂」という処世法の理想的な完成度、特に仕官する者が晩節を汚しやすいとされる晩年の自戒、生き方のお手本の一つを示している。

第五章　『懐風藻』にみる「狂」（佯狂）の観念の受容

日本最古の漢詩集『懐風藻』（七五一?成立）は、中国の六朝時代の詩文の影響をかなり強く受けているといわれるが、六朝時代（東晋）の「狂」（「佯狂」）の観念や「方外」の概念、「佯狂」の処世法も伝わっている。興味深いのは留学僧の伝、作品に於いてであることで、奈良朝の高位高官の作品には、一例だけある。自分を「狂生」と称する藤原万里（六九五～七三七）の五言古詩「暮春に弟の園池にて置酒す、并びに序」の序文で、次のような内容である。

僕は聖代の狂生ぞ、直《ただ》に風月を以て情と為し、魚鳥を翫《もてあそび》と為す。名を貪り利を徇《もと》むることは、未だ沖襟に適わず、酒に対して当《まさ》に歌うべし、是れ私願に諧《かな》う……一曲一盃、歓情を此の地に尽くす、……千歳の間、嵆康は我が友、一酔の飲、伯倫は吾が師、軒冕《けんべん》の身を栄えしむるを慮《おもんぱか》らず、徒《ただ》に泉石の性を楽しましむるを知るのみ……。

私は聖代の「狂生」だ、ただ風月を我が心とし、魚鳥を賞玩するのみ。名利を貪り求めるのは、こだわりのない私の性分に適合しない、酒に対して当に歌うべし、これこそ私の願うところだ……。お酒を一杯飲むごとに詩を一首作り（詠い）、此の地で愉快な気持ちを尽くす、……嵆康は千年に一人の我が友であり、伯倫（劉伶）は酒を飲んで大いに酔う吾が師匠である。高位高官に栄達することなど考えない、ただ山水自然に没頭するのが楽しいと知るだけだ。

「酒に対して……」の句は、曹操の「短歌行」の「酒に対して当に歌うべし、人生幾何《いくばく》ぞ」からの借用。一曲一盃は、王羲之「蘭亭集の序」の「一觴一詠」を意識する。嵆康は、竹林の七賢人の一人、琴を善くした。伯倫は、竹林の七賢人の一人劉伶の字。酒好きで、酒徳令を書いた。軒冕は、貴人の車と冠、転じて高位高官。泉石は、山石流水、山水自然の美しい景色。この序文の「狂生」のイメージは、六朝時代（東晋）の山水自然の美しさに没頭した「狂士」に重なる。また藤原万里がこの作品を書くときに、王羲之の蘭亭の集いを意識していたこと、竹林の七賢に憧れていたことも窺える。詩をみると、阮籍ばりの「方外の士」を気取っている。

城 市 元 無 好　　城市元より好《よしみ》無く
林 園 賞 有 余　　林園賞するに余り有り
…………
寄 言 礼 法 士　　言を寄す礼法の士に

知　我　有　麤　疎　　我に麤疎《そそ》有るを知れと

都会（奈良の都）は（俗塵が多く）元来好いところは無いが、この林園には遊賞するところが余るほど有る。……礼儀作法を遵守する方々に一言申し上げます、私には粗野な振る舞いが有るとご承知ください。

礼法の士は、礼儀作法、礼節を遵守する人。「礼法の士は（貴族社会の礼儀作法を無視する）阮籍を仇敵のように憎んだ」（『晋書』阮籍伝）による語。麤疎は、荒く粗末なさま、粗野な振る舞いが多いことをいう。藤原万里は中国留学の経験は無く、遣唐使が持ち帰った書物、『文選』、『芸文類聚』、『初学記』などから学んだ新知識を寄せあつめてこの序文と詩を書いたと推察されるが、『懐風藻』がこの作品を収載したことは、東晋の貴族たちが開発した山水自然の美しさの中に遊ぶ「狂士」の世界を超俗の風流、風雅な世界として受容した当時の日本人の好尚の一端を伝えている。ただ竹林の七賢人の一人として阮籍を受け入れていても、その痴（愚か者）といわれた佯狂ぶりや西晋末から東晋初めころ貴族の間で流行した阮籍の表面的な生活態度を模倣する「放達」は受容していない。

「佯狂」については、僧侶が「佯狂」を実践した例が伝わっている。『懐風藻』に付す「釈智蔵伝」に次のような記述がある。

釈智蔵は唐国に留学生として派遣されたが、学業優秀で同伴の僧侶に嫉妬され、身の危険を感じた。そこで「身を全うする」ために被髪佯狂して道路に奔蕩したが、密かに三蔵の要義を写し、木筒に漆で秘封し担いで歩いた。同伴は軽蔑し鬼狂だと思い害を為さなかった。持統天皇（六九〇〜六九七在位）の時に帰国したがその後も、同伴の者が経典を岡に広げて虫干しをした時、釈智蔵は胸を開いて「我もまた経典の奥義を虫干しする」といったなど、衆皆嗤笑する振る舞いをした。しかし試業（天皇の前での学業試験）に臨むや、見事に答え、蜂の巣をつついたように起こった異論も釈智蔵の応答に皆屈服驚嘆し、帝は之を嘉して、僧正（僧官の最上位）に任じた。七十三歳で没す。

釈智蔵が「身を全うする」ために「被髪佯狂」し、同伴の僧侶は「鬼狂」だと思い害さなかったことから、彼らが「佯狂」という生き方や「狂」者は殺されず、罪せられないという観念を中国留学中に学んでいたと分かる。帰国後の経典を虫干しした時の佯狂ぶりは、『世説新語』の次の故事を意識したもの。「郝隆が七月七日に日向で大の字に寝そべって、書物の虫干しをしているのだ、といった」（排調篇）と、「道の南側には貧しい阮咸（阮籍の兄の子）や阮籍が住んでいた。七月七日に、道の北側に住む裕福な阮氏が絹や錦の美しい衣装を虫干ししたところ、阮咸は竿で大きな布のふんどしを庭につるして、まだ俗気が少しあるので、といった」（任誕篇）。『世説新語』の排調篇は俗物への辛辣な風刺、任誕篇には世俗的な規範や価値観にとらわれずに「真」を追求する、自由奔放な生き方や行為に関する故事が収載されており、釈智蔵の「佯狂」ぶりには、六朝貴族たちがよしとした精神の反映も窺える。釈智蔵が帰国後も「佯狂」を続けた理由は、「秋日　志を言う」詩に詠われている。

欲知得性所　性を得る所を知らんと欲し
来尋仁智情　来り尋ぬ仁智の情
気爽山川麗　気爽かに山川麗しく
風高物候芳　風高く物候芳《かんば》し
燕巣辞夏色　燕巣　夏色を辞し
雁渚聴秋声　雁渚　秋声を聴く
因茲竹林友　茲《こ》の竹林の友に因り
栄辱莫相驚　栄辱　相い驚くこと莫《な》し

私の本性に適う所を知ろうと、山水を楽しむ情を尋ねて来ると、空気は爽やかに山も川も美しく、風は天高く吹き四季折々の風物は芳《かぐわ》しく、燕の（去った）巣から夏の景色が去り、雁の（飛来した）渚から秋をつげる声が聴こえる。この超俗の世界（山水自然）を友としているので、俗世間の栄誉や恥辱などが私の心を動揺させることはないのだ。

仁智の情は、「知者は水を楽しみ、仁者は山を楽しむ」（『論語』雍也）を踏まえ、山水自然を楽しむ心。儒教的な智徳、仁徳の高い人が心を寄せる山水自然、となるが、『懐風藻』には、山や川、山水自然を仁智と表現する例が多く、慣用句的表現である。物候は、風物気候、四季折々の変化に応じた風物。竹林の友は、竹林の七賢が俗世間を避けて自由な境地に遊んだことを踏まえて、山水自然の中を超俗の世界として、そこの風物を友とする意味。つまり世俗の外（方外）が我が本性に最も適うのだ、山水自然の風物を友としているから俗世間の栄達や恥辱などに心乱されない、というのである。この詩から、釈智蔵の佯狂ぶりには、僧正という僧官の最上位の官職に在る釈智蔵の「世を避ける」パフォーマンスも含まれていると分かる。釈智蔵の山水自然を友とする生活態度は、「方外の賓」と東晋貴族から憧憬され尊重された東晋の沙門（高僧）に重なる。しかし佯狂という処世態度は重ならない。東晋では仏教は新しく伝えられたばかりの教えで、沙門が朝廷から僧官を与えられることなど無く、佯狂する必要もなかったからである。むしろ阮籍の佯狂、「方外の士」ぶりに重なる。ただ阮籍の佯狂は「身を全う」するためであったが、釈智蔵の佯狂には「身を全う」するためだけでなく、「世を避け」「方外の士」たる僧侶としての矜持、身の程を守る意味もあったのである。なおこの詩の四句目の「芳」は通韻。

「方外の士」については、僧侶は「方外の士」である、と明言する詩が収載されている。僧侶の道慈が長屋王からの宴会の招待を辞退する意を述べる「初春に竹渓《つげ》の山寺《やまでら》に在り、長王の宅に於いて宴するに、追いて辞を致す　并びに序」に、次のようにいう。

緇素杳然別
金漆諒難同
納衣蔽寒体
綴鉢足飢嚨
結蘿為垂幕
枕石臥巖中
抽身離俗累
滌心守真空
策杖登峻嶺
披襟稟和風
桃花雪冷冷
竹渓山冲冲
驚春柳雖変
余寒在単躬
僧既方外士
何煩入宴宮

緇《し》と素は杳然として別れ
金と漆は諒に同《とも》にすること難し
納衣は寒体を蔽い
綴鉢《てつぱつ》は飢嚨《きろう》に足る
蘿を結び垂幕と為し
石に枕して巖中に臥す
身を抽いて俗累を離れ
心を滌いで真空を守る
杖を策《つ》きて峻嶺に登り
襟を披《ひら》きて和風を稟《う》く
桃花の雪　冷冷たり
竹渓《つげ》の山　冲冲《ちゅうちゅう》たり
春に驚き柳変ずと雖も
余寒単躬に在り
僧は既に方外の士
何ぞ煩わしく宴宮に入らん

僧侶と世俗の人ははるか遠く別れ、金と漆のように同じにはし難いもの。私は袈裟で枯れた貧しい体を蔽い、つぎはぎのある鉢で飢えた喉をみたし、つたかずらを結び垂れ幕を作り、石に枕して巌《いわお》に眠る（そのような暮らしを実践して）、わが身を俗世間から抜き出して世俗のわずらわしさから離れ、心を洗い清めて真空の教えを守っている。（僧侶である私の楽しみは）杖をついて嶺に登り、襟を開いてのどかな（春の）風を受けること、（ふと見れば）桃花の残雪は清く冷ややかで、竹渓山は淡く霞み、春に驚き柳は芽吹いているが、余寒は独り身の私にきびしい、僧侶は（このような暮らしをする）「方外の士」である以上、どうして華やかな宮殿での宴会に入って行けましょうか（せっかく嘉会にお招き頂きましたが出席をご辞退申し上げる次第です）。

僧侶は「方外の士」という概念は、東晋時代に定着したもので、この詩に描かれている清貧な僧侶の暮らしぶり、清々しい山中の世界は、東晋の沙門（高僧）が築いた「方外の世界」に重なる。緇素は、僧侶と世俗の人。緇は黒染の僧衣、素は白、きなりの絹。金漆は、本質が異なる物の比喩、ここは世俗の人と僧侶。金は五行で白色、漆は黒色。真空は、仏教語。真如から見ると一切の現象は空である、という教え。

しかし僧侶は「方外の士」であるから宮中の宴会には出席しかねる、という発想、処世態度は東晋の沙門（高僧）支遁や竺法深らの高踏的洒脱なそして皇族や貴族と交際した処世態度とは異なる。たとえば、東晋の朝廷で「方外の士」といわれた竺法深は、簡文帝の座にいるとき「僧侶の身でどうして富貴な人の家に出入りするのだ」と皮肉られ、「君には朱塗りのご門に見えるだろうが、拙僧には蓬《よもぎ》の戸（隠者の粗末な家）に出入りするのも同じなのだ」、と答えた（『世説新語』言語篇）など。道慈が生活様式は東晋の沙門（高僧）たちと同じにしながら、俗世間へ異なる対応をしたのは、この詩の序文によれば、概略次のような理由による。

私は若いころからお寺暮しで、詩文や論談は未熟であり、まして道機俗情は全く異なるので、凡庸な私が立派な宴会に参加することは、道理に乖き俗事が心に迫ります。僧侶の身であることを忘れた振る舞いは、修行の道にはずれ僧侶として役立たずになります。わが身を顧みて驚き恐れ謹んでご辞退申し上げる次第です。

道機俗情は、仏道の機と世俗の心情。機はたくらみ、仏道の教えに導かれる心のはたらき。「方外の士」である僧侶は、ストイックに仏道修行しなければ僧侶として役立たずとなるので、方内（俗世間）とのお付き合いはできない、と考えていたことが分かる。道慈のこのような信念、処世態度は『懐風藻』に付された道慈伝からも窺える。

……大宝元年（七〇一）に唐国に留学し、明哲を歴訪しその講義に出席した。……唐で国中から高僧百人を選抜し宮中で仁王般若経を講義させた時に、道慈は学業が抜群に優秀でその選に入った。唐の天子は遠学を憐れみ、特に厚く賞賛を加えた。十六年間中国で学び帰国すると、天皇は道慈を嘉して、僧官の三番目に高い位の律師（僧正、僧都、律師の順）を与えた。しかし性格が剛直で時勢にあわず、職を退いて山野に遊び、やがて奈良の都に出て大安寺を造り（七四五年ころ）、年七十余りで亡くなった。

道慈は中国留学中、熱心に真面目に仏道修行し、極めて優秀な成績を修めた学問僧であるが、性格が剛直なので帰国後の俗世間とうまく折り合いが付けられなかった、それで長屋王の招待も断ったし、誰もがうらやむ律師という高位の職も辞して山野に隠棲してしまった。道慈は僧侶としての身の程、矜持を守るために「世を避けた」のであるが、この行為は俗世間から見れば異端者、狂ぶりの処世である。先の釈智蔵は僧正という僧侶の最高位に在職したまま「佯狂」して「世を避けた」。道慈と釈智蔵は、エリート留学僧のなかでもトップであり、「佯狂」と狂ぶりの処世とその方法は異なるがどちらも「世を避けて」僧侶は「方外の士」であるという身の程、矜持をを固く保持して生きたことが共通する。この処世態度は釈道融にも共通するところがある。『懐風藻』に付された釈道融の伝に、次の逸話が記載されてある。

釈道融は、母の死により山寺に住みこみ、法華経に感じて出家し、仏道修行に精進苦行し、戒律を固く守った。中国の高僧宣律師の「六帖鈔」があったが、語の意味が奥深く神秘的なので開いてみる僧侶は誰もいなかった。釈道融はこれを全部読み、十二日も経ないで、精通し意味を敷衍して講義し、以来「六帖鈔」が広く読まれるようになった。光明皇后は、このことを嘉《よみ》して絹糸と絹織物三百匹を与えた。釈道融は、私は仏道の悟りを開くために仏法を説いたのだ、これにより報酬を望むのは、世俗の人のすることだといって、杖をついて俗世間から遁れ去ってしまった。

釈道融は中国留学の経験はないが、光明皇后がご褒美を下さったことに対する反応は、道慈に共通する狂ぶりであり、釈智蔵が佯狂して守った僧侶は「方外の士」であるという矜持に共通する。『懐風藻』にはこの三人の僧侶ほかに、釈弁正の詩と伝がある。釈弁正は囲碁が上手で即位前の玄宗皇帝の知遇を得ていたと伝えられるが、長安で亡くなっているので、帰国後の俗世間との対応は不明。奈良の朝廷には、この四人の他にかなりの人数の留学僧、学問僧、国政に参加する僧侶もいたと推定されるが、その中から道慈や釈智蔵、釈道融らの詩と伝が収載されたのは必ずしも偶然とは思えない。大陸の新文化を受容する古代日本人が、彼ら三人の僧侶に共通する東晋の沙門（高僧）に重なる清らかな生活態度をよしとして受け容れ、東晋沙門（高僧）の皇族貴族たちと親しく交際する社交的な処世態度は捨象して、彼らが開発した「方外の士」たる生き方、矜持の保ち方を、日本の僧侶のお手本、処世の指針としようとした判断があったと窺われる。

あとがき

原稿を渡してはや一年、ようやく「本」になります。しかも伝統ある汲古選書の62として刊行されるので本当に嬉しい。

そもそも「狂」などというテーマは、大学院時代の恩師佐藤保先生が退官なさるお祝いに教え子が記念論文集を出そう、それなら統一テーマにしようという流れから出たもので、最初は「中国文学に於ける死」、これは、汲古書院から『ああ哀しいかな　死と向き合う中国文学』という書名で出版されました。よく売れたらしく二冊目は、「狂」をテーマにして、これも汲古書院から『鳳よ鳳よ　中国文学に於ける〈狂〉』の書名で二〇〇九年に出版されました。「死」だの「狂」だの変なテーマになったのは、佐藤先生はお茶の水女子大での在職期間が長く学長に選ばれるほどですから学生にも人気があり、桃李門に満つ、先生のご専門の唐、宋の詩以外の、近現代文学、古典文学、思想哲学を専攻する学生までが師事し、結果、人間一般に普遍なテーマとならざるを得なかったからなのです。

「狂」をテーマにするか話し合っている時、佐藤先生が「狂といえば矢嶋さんなら誰を思い浮かべますか」と問われ、ふいに思いつくままに「接輿でしょう……」と答えた記憶があります。二〇〇三年の春、先生のお宅の庭に枝垂れ桜があり、お花見にかこつけて十人余りが集まった席上でのことです。『鳳よ……』には別の所に掲載した論文も併せて、古代の「狂」から六朝の庾信の「狂花」までを範囲に「六朝人の狂の観念の由来と変遷――佯狂の変容を中心に」という題で載せました。本書の第一章から第三章の途中までの基礎になっています。

共同研究は終わりましたが「狂」というテーマは取り組んでみると奥が深く、唐詩にちらちら見える接輿や狂歌、「方外」の観念や隠者と佯狂の違いも気にかかり、陶淵明の詩や唐詩をコツコツ読んでいました。そんなおり、北京大学の恩師袁行霈先生から、二〇一一年の夏休みに中国の「国家漢辦資助項目」・外国漢学研究者訪華計画の基地がおかれている北京大学で研鑽を積む機会をいただきました。渡航費、宿舎費はすべて提供されるという夢みたいなお話です。条件は帰国前に成果報告の講演をすること。早速諸般の書類と石川忠久先生にお願いした推薦状を提出して、出発しました。

石川先生は私が桜美林大学の中文科に入学してから今日まで、唐詩や六朝詩の面白さを教えてくださっている恩師です。袁先生と石川先生は、袁先生が一九八二年に東大に招聘教授として来日以来、詩を応酬しあう文雅な交流を続けておられます。私が一九九二年に、袁先生に指導教授になって頂き訪問学者として北京大学に滞在した時も、石川先生の弟子だということで作詩を慫慂され、腰折れ七言絶句を何首かご披露したことがあります。二〇一一年の滞在時も、詩を一首作る宿題が出ました。久しぶりに北京大学での長期滞在、季節もよし、古人ならば遊賞を縦にして名詩もできたであろうに、俗人の私は講演会では陶淵明の方外観について述べると、袁先生にお話しして、まさに「三年園を窺わず」、論旨を明快にすれば下手な中国語でも通じると、蛮勇をふるって原稿を準備しました。とても大変だったけれども、外国語で書くことであいまいだった思考が整理されたと思います。演題は「从阮籍〈方外之士〉到陶渊明〈返自然・有余闲生活〉― 以演变狂（佯狂）的观念和情况为中心」、資料を沢山配布して講演しました。陶淵明の隠逸生活の支えに接輿と行歌があると分ったので、陶淵明を受容した唐代の詩人はどのように接輿の生き方と行歌（狂歌）を自分の人生に反映させていたのか、という視点も定まり、本書の第三章第二節（三）と第四章になりました。

以前の論文で、『懐風藻』には六朝時代の佯狂や方外の観念が伝わっている、と指摘した点についても、日本人僧侶の佯狂や方外の観念の受容という視点で読み直して、『懐風藻』が彼らの伝と作品を載せた理由、つまり古代日本人が最新の外国文化を摂取する際の取捨選択の基準の一端が見えたので、第五章に収めました。

本書で扱った「佯狂」や「方外の士」という生き方は、集団・組織の成員の立場から見れば、孤独感や疎外感、異端視されるなど避けたい部分も否定できません。しかし彼らは天寿を全うして生き抜いたのだ、と突き詰めて考えると、特に王羲之や陶淵明、白楽天らの晩年の自由気ままな意に適った「狂ぶり」の暮らし方は、価値観が多様化し、個性が尊重され、超高齢化が進む現代では、却って参考になる面もあるのではないか、と思えてきます。また「暗君乱世」というほどの極端さはなくても複雑な権力構造や人間関係の中で、誰でもがその人なりに持っている正義や矜持と折り合いを付けねばならない時、唐代の詩人たちの接輿の行為や行歌（狂歌）への視点が清涼剤になるような気がします。

最後になりましたが、最初に原稿を読んでくださった石川忠久先生、出版を引き受けてくださった汲古書院の石坂叡志社長、編集を担当してくださった小林詔子さんに心から感謝し厚くお礼を申し上げます。

二〇一三年九月吉日

矢嶋　美都子

57

春秋學用語集

岩本憲司著　本書は春秋学の用語を集め辞典風に簡潔な解説を附した「一般篇」と、「春秋学」学の立場から論理的に分析を試みた「特殊篇」からなる。また、著者の前著『春秋穀梁伝范甯集解』・『春秋公羊伝何休解詁』・『春秋左氏伝杜預集解　上・下』の四冊の改訂を兼ねている。

▼284頁／定価3150円

58

台湾拓殖株式会社の東台湾経営
―国策会社と植民地の改造―

林玉茹著　森田　明・朝元照雄訳　一九三七～四五年の国策会社である台湾拓殖株式会社の、東台湾の経営メカニズム、農林・移民・投資事業を分析する。台湾総督府が戦時国防資源の需要のために如何にして、植民地辺地に位置する東台湾の積極的な開発を実施し、新興軍需産業を形成するに至ったかを解明する。

▼404頁／定価5775円

59

荘綽『雞肋編』漫談

安野省三著　両宋間という激動期を生きた荘綽の著書の一つ『雞肋編』は魅惑的な随筆で、不可思議な作品で、難読の書である。中華書局の唐宋史料筆記叢刊に収められたものを版本とし『雞肋編』を解説する。

▼294頁／定価3675円

60

中国の愛国と民主

水羽信男著　今日の中国政治の原型を作りだした一九三〇～五〇年代を中心に、国共両党から相対的に自立した知識人（第三勢力）の代表人物の一人、章乃器（一八九七～一九七七）をとりあげ、彼の愛国と民主をめぐる思想と行動に即して考察を進める。

▼266頁／定価3675円

61

春秋學用語集　續編

岩本憲司著　前著『春秋学用語集』のつづきだが、もはや一般篇は無い。全体が特殊篇であり、正確に言えば、『特殊用語集』である。「特殊」たる所以は、本文で明らかになるはずである。

▼276頁／定価3150円

62

佯狂―古代中国人の処世術

矢嶋美都子著　「被髪佯狂」（ざんばら髪で気が狂ったふりをする）を暗君乱世を生き抜くための処世術とした人々の存在意義、社会的機能について、その起源と時代の推移による変容、観念の変化から検証。

▼200頁／定価3150円

63

中国改革開放の歴史と日中学術交流

川勝　守著　一九八〇年頃より三〇余年中国に通い、改革開放政策の展開に直接的に関係し、歴史的場に居合わせた著者が、その履歴を記す。

▼408頁／予価4725円

48
出土文物からみた中国古代
宇都木章著　中国の古代社会を各時代が残したさまざまな「出土文物」を通して分かりやすく解説する。本書はNHKラジオ中国語講座テキスト「出土文物からみた中国古代」を再構成したものである。
▼256頁／定価3150円

49
中国文学のチチェローネ
――中国古典歌曲の世界――
大阪大学中国文学研究室　高橋文治（代表）編　廓通いの遊蕩児が懐に忍ばせたという「十大曲」を案内人に、中国古典歌曲の世界を散策する。
▼300頁／定価3675円

50
山陝の民衆と水の暮らし
――その歴史と民俗――
森田　明著　新出資料を用い、歴史的伝統としての水利組織の実態を民衆の目線から解明する。
▼272頁／定価3150円

51
竹簡が語る古代中国思想（三）
――上博楚簡研究――

浅野裕一編（執筆者＝浅野裕一・湯浅邦弘・福田哲之・福田一也・草野友子）好評既刊（汲古選書42・46）に続く第三弾。『上海博物館蔵戦国楚竹書』第七分冊を中心とした研究を収める。
▼430頁／定価5775円

52
曹雪芹小伝
周汝昌著　小山澄夫訳　『曹雪芹小伝』本文三十三章・付録三篇の全訳。『紅楼夢』解明に作者曹雪芹の研究が必須であることは言を俟たない。本書では章ごとに訳者による詳細な注が施される。原著・原注はもとより、この訳注が曹雪芹研究の有益な手引きとなる。伊藤漱平跋。
▼口絵4頁／620頁／定価6300円

53
李公子の謎
――明の終末から現在まで――
佐藤文俊著　「李自成の乱」の大衆の味方〝李公子〟とは一体何者か。伝承発生当時から現在までの諸説を整理し、今後の展望を開く。
▼248頁／定価3150円

54
癸卯旅行記訳註
――銭稲孫の母の見た世界――
銭単士釐撰　鈴木智夫解説・訳註　『癸卯旅行記』とは、近代中国の先進的女性知識人銭単士釐（せんたんしりん）が二〇世紀最初の癸卯の年（一九〇三年）に外交官の夫銭恂とともに行った国外旅行の記録である。
▼262頁／定価2940円

55
政論家施復亮の半生
平野　正著
中国において一九九〇年代末より政論家施復亮が注目されるようになった。ここに施復亮の一九二〇年代から四〇年代における思想とその変化を明らかにする。
▼200頁／定価2520円

56
蘭領台湾史
――オランダ治下38年の実情
林田芳雄著　三八年間に亘るオランダの統治下にあった台湾島のありのままの姿と、台湾原住民のさまざまな出来事を原住民の視点から捉え、草創期の台湾史を解明する。
▼384頁／定価4725円

39

中国の文章——ジャンルによる文学史

褚斌杰著／福井佳夫訳　中国における文学の種類・形態・様式である「ジャンル」の特徴を、各時代の作品に具体例をとり詳細に解説する。本書は褚斌杰著『中国古代文体概論』の日本語訳である。

▼340頁／定価4200円

40

図説中国印刷史

米山寅太郎著

静嘉堂文庫文庫長である著者が、静嘉堂文庫に蔵される貴重書を主として日本国内のみならずイギリス・中国・台湾など各地から善本の図版を集め、「見て知る中国印刷の歴史」を実現させたものである。印刷技術の発達とともに世に現れた書誌学上の用語についても言及する。

▼カラー8頁／320頁／定価3675円　好評再版

41

東方文化事業の歴史——昭和前期における日中文化交流——

山根幸夫著　義和団賠償金を基金として始められた一連の事業は、高い理想を謳いながら、実態は日本の国力を反映した「対支」というおかしなものからスタートしているのであった。著者独自の切り口で迫る。

▼260頁／定価3150円

42

竹簡が語る古代中国思想——上博楚簡研究——

浅野裕一編（執筆者＝浅野裕一・湯浅邦弘・福田哲之・竹田健二）これまでの古代思想史を大きく書き替える可能性を秘めている上海博物館蔵の〈上楚楚簡〉は何を語るのか。

▼290頁／定価3675円

43

『老子』考索

澤田多喜男著

新たに出土資料と現行本『老子』とを比較検討し、現存諸文献を精査することにより、〈老子〉なる名称の書籍は漢代のある時期から認められる。少なくとも現時点では、それ以前には出土資料にも〈老子〉なる名称の書籍はなかったことが明らかになった。

▼440頁／定価5250円

44

わたしの中国——旅・人・書冊——

多田狷介著

一九八六年から二〇〇四年にわたって発表した一〇余篇の文章を集め、三部（旅・人・書冊）に分類して一書を成す。著者と中国との交流を綴る。

▼350頁／定価4200円

45

中国火薬史——黒色火薬の発明と爆竹の変遷——

岡田　登著　火薬はいつ、どこで作られたのか。火薬の源流と変遷を解明する。口から火を吐く火戯「吐火」・隋代の火戯と爆竹・唐代の火戯と爆竹・竹筒と中国古代の錬丹術・金代の観灯、爆竹・火缶……。

▼200頁／定価2625円

46

竹簡が語る古代中国思想（二）——上博楚簡研究——

浅野裕一編（執筆者＝浅野裕一・湯浅邦弘・福田哲之・竹田健二）好評既刊（汲古選書42）に続く第二弾。『上海博物館蔵戦国楚竹書』第五・第六分冊を中心とした研究を収める。

▼356頁／定価4725円

47

服部四郎　沖縄調査日記

服部　旦編・上村幸雄解説　昭和三十年、米国の統治下におかれた琉球大学に招聘された世界的言語学者が、敗戦後まもない沖縄社会を克明に記す。沖縄の真の姿が映し出される。

▼口絵8頁／300頁／定価2940円

29
陸賈『新語』の研究
福井重雅著

秦末漢初の学者、陸賈が著したとされる『新語』の真偽問題に焦点を当て、緻密な考証のもとに真実を追究する一書。付節では班彪『後伝』・蔡邕『独断』・漢代対策文書について述べる。

▼270頁／定価3150円

30
中国革命と日本・アジア

寺廣映雄著　前著『中国革命の史的展開』に続く第二論文集。全体は三部構成で、辛亥革命と孫文、西安事変と朝鮮独立運動、近代日本とアジアについて、著者独自の視点で分かりやすく俯瞰する。

▼250頁／定価3150円

31
老子の人と思想
楠山春樹著

『史記』老子伝をはじめとして、郭店本『老子』を比較検討しつつ、人間老子と書物『老子』を総括する。

▼200頁／定価2625円

32
中国砲艦『中山艦』の生涯

横山宏章著　長崎で誕生した中山艦の数奇な運命が、中国の激しく動いた歴史そのものを映し出す。

▼260頁／定価3150円

33
中国のアルバ―系譜の詩学

川合康三著　「作品を系譜のなかに置いてみると、よりよく理解できるように思われます」（あとがきより）。壮大な文学空間をいかに把握するかに挑む著者の意欲作六篇。

▼250頁／定価3150円

34
明治の碩学
三浦　叶著

著者が直接・間接に取材した明治文人の人となり、作品等についての聞き書きをまとめた一冊。今日では得難い明治詩話の数々である。

▼380頁／定価4515円

35
明代長城の群像
川越泰博著

明代の万里の長城は、中国とモンゴルを隔てる分水嶺であると同時に、内と外とを繋ぐアリーナ（舞台）でもあった。そこを往来する人々を描くことによって異民族・異文化の諸相を解明しようとする。

▼240頁／定価3150円

36
宋代庶民の女たち
柳田節子著

「宋代女子の財産権」からスタートした著者の女性史研究をたどり、その視点をあらためて問う。女性史研究の草分けによる記念碑的論集。

▼240頁／定価3150円

37
鄭氏台湾史―鄭成功三代の興亡実紀

林田芳雄著　日中混血の快男子鄭成功三代の史実―明末には忠臣・豪傑と崇められ、清代には海寇・逆賊と貶され、民国以降は民族の英雄と祭り上げられ、二三年間の台湾王国を築いた波瀾万丈の物語を一次史料をもとに台湾史の視点より描き出す。

▼330頁／定価3990円

38
中国民主化運動の歩み
――「党の指導」に抗して――

平野　正著　本書は、中国の民主化運動の過程を「党の指導」との関係で明らかにしたもので、解放直前から八〇年代までの中共の「指導」に対抗する人民大衆の民主化運動を実証的に明らかにし、加えて「中国社会主義」の特徴を概括的に論ずる。

▼264頁／定価3150円

20 グリーンティーとブラックティー
中英貿易史上の中国茶
矢沢利彦著　本書は一八世紀から一九世紀後半にかけて中英貿易で取引された中国茶の物語である。当時の文献を駆使して、産地・樹種・製造法・茶の種類や運搬経路まで知られざる英国茶史の原点をあますところなく分かりやすく説明する。
▼260頁／定価3360円

21 中国茶文化と日本
布目潮渢著
近年西安西郊の法門寺地下宮殿より唐代末期の大量の美術品・茶器が出土した。文献では知られていたが唐代の皇帝が茶を愛玩していたことが証明された。長い伝統をもつ茶文化―茶器について解説し、日本への伝来と影響についても豊富な図版をもって説明する。カラー口絵4葉付
▼300頁／品切

22 中国史書論攷
澤谷昭次著
先年急逝された元山口大学教授澤谷先生の遺稿約三〇篇を刊行。東大東洋文化研究所に勤務していた時「同研究所漢籍分類目録」編纂に従事した関係から漢籍書誌学に独自の境地を拓いた。また司馬遷「史記」の研究や現代中国の分析にも一家言を持つ。
▼520頁／定価6090円

23 中国史から世界史へ　谷川道雄論
奥崎裕司著　戦後日本の中国史論争は不充分なままに終息した。それは何故か。谷川氏への共感をもとに新たな世界史像を目ざす。
▼210頁／定価2625円

24 華僑・華人史研究の現在
飯島　渉編　「現状」「視座」「展望」について15人の専家が執筆する。従来の研究を整理し、今後の研究課題を展望することにより、日本の「華僑学」の構築を企図した。
▼350頁／品切

25 近代中国の人物群像
――パーソナリティー研究――
波多野善大著　激動の中国近現代史を著者独自の歴代人物の実態に迫る研究方法で重要人物の内側から分析する。
▼536頁／定価6090円

26 古代中国と皇帝祭祀
金子修一著
中国歴代皇帝の祭礼を整理・分析することにより、皇帝支配による国家制度の実態に迫る。
▼340頁／定価3990円　好評再版

27 中国歴史小説研究
小松　謙著
元代以降高度な発達を遂げた小説そのものを分析しつつ、それを取り巻く環境の変化をたどり、形成過程を解明し、白話文学の体系を描き出す。
▼300頁／定価3465円

28 中国のユートピアと「均の理念」
山田勝芳著　中国学全般にわたってその特質を明らかにするキーワード、「均の理念」「太平」「ユートピア」に関わる諸問題を通時的に叙述。
▼260頁／定価3150円

11
中国語文論集　文学篇
太田辰夫著

本巻には文学に関する論考を収める。「紅楼夢」新探／「鏡花縁」考／「児女英雄伝」の作者と史実等。付固有名詞・語彙索引

▼350頁／定価3568円

12
中国文人論
村上哲見著

唐宋時代の韻文文学を中心に考究を重ねてきた著者が、詩・詞という高度に洗練された文学様式を育て上げ、支えてきた中国知識人の、人間類型としての特色を様々な角度から分析、解明。

▼270頁／定価3059円

13
真実と虚構——六朝文学
小尾郊一著

六朝文学における「真実を追求する精神」とはいかなるものであったか。著者積年の研究のなかから、特にこの解明に迫る論考を集めた。

▼350頁／定価3873円

14
朱子語類外任篇訳注
田中謙二著

朱子の地方赴任経験をまとめた語録。当時の施政の参考資料としても貴重な記録である。「朱子語類」の当時の口語を正確かつ平易な訳文にし、綿密な註解を加えた。

▼220頁／定価2345円

15
児戯生涯　一読書人の七十年
伊藤漱平著

元東京大学教授・前二松学舎大学長、また「紅楼夢」研究家としても有名な著者が、五十年近い教師生活のなかで書き綴った読書人の断面を随所にのぞかせながら、他方学問の厳しさを教える滋味あふれる随筆集。

▼380頁／定価4077円

16
中国古代史の視点　私の中国史学(1)

堀　敏一著　中国古代史研究の第一線で活躍されてきた著者が研究の現状と今後の課題について全二冊に分かりやすくまとめた。本書は、1時代区分論　2唐から宋への移行　3中国古代の土地政策と身分制支配　4中国古代の家族と村落の四部構成。

▼380頁／定価4077円

17
律令制と東アジア世界　私の中国史学(2)

堀　敏一著　本書は、1律令制の展開　2東アジア世界と辺境　3文化史四題の三部よりなる。中国で発達した律令制は日本を含む東アジア周辺国に大きな影響を及ぼした。東アジア世界史を一体のものとして考究する視点を提唱する著者年来の主張が展開されている。

▼360頁／定価3873円

18
陶淵明の精神生活
長谷川滋成著

詩に表れた陶淵明の日々の暮らしを10項目に分けて検討し、淵明の実像に迫る。内容＝貧窮・子供・分身・孤独・読書・風景・九日・日暮・人寿・飲酒　日常的な身の回りに詩題を求め、田園詩人として今日のために生きる姿を歌いあげ、遙かな時を越えて読むものを共感させる。

▼300頁／定価3364円

19
岸田吟香——資料から見たその一生

杉浦　正著　幕末から明治にかけて活躍した日本近代の先駆者—ドクトル・ヘボンの和英辞書編纂に協力、わが国最初の新聞を発行、目薬の製造販売を生業としつつ各種の事業の先鞭をつけ、清国に渡り国際交流に大きな足跡を残すなど、謎に満ちた波乱の生涯を資料に基づいて克明にする。

▼440頁／定価5040円

執筆者紹介

矢嶋　美都子（やじま　みつこ）

1950年生。1975年お茶の水女子大学大学院修士課程修了。1979年亜細亜大学教養学部専任講師、1982年同助教授、1995年同教授を経て、2001年より亜細亜大学法学部教授。

1998年博士（人文科学、お茶の水女子大学）学位取得。

主な著作

『研究資料漢文学　詩　Ⅲ』（共著、明治書院、1993）、『庾信研究』（明治書院、2000）、「庾信の「蒙賜酒」詩について」（『日本中国学会報』第34集、1982）、「楼上の思婦――閨怨詩のモチーフの展開」（『日本中国学会報』第37集、1985）、「漢詩に於ける杏花のイメージの変遷」（『日本中国学会報』第43集、1991）、「豊作を言祝ぐ詩――喜雨詩から喜雪詩へ」（『日本中国学会報』第49集、1997）、「杜甫の詩に見る六朝詩人観」（『六朝学術学会報』第6集、2005）、「懐風藻に見る文選の影響」（『立命館文学』第598号、2007）、「古代中国人の狂の観念――佯狂の変遷」（『亜細亜法学』第41巻第2号、2007）、「六朝人の狂の観念の由来と変遷――佯狂の変容を中心に」（『鳳よ鳳よ』佐藤保編、汲古書院、2009）、「关于庾信〈游仙诗〉中所表现的“藤”」（『北京大学学报』JOURNAL OF PEKING UNIVERSITY　哲学社会科学版第32卷　第5期总171期　1995年）ほか。

汲古選書62

佯狂――古代中国人の処世術

平成二十五年十月七日　発行

著　者　矢嶋　美都子
発行者　石坂　叡志
印刷所　モリモト印刷

発行所　汲　古　書　院
〒102-0072　東京都千代田区飯田橋二―五―四
電　話〇三（三二六五）九七六四
FAX〇三（三二二二）一八四五

ISBN978－4－7629－5062－9　C3398

索　引

語彙索引

サ行

ラ行

詩文索引